L'ENFANT AUTISTE

Stratégies d'intervention psychoéducatives

Suzanne Mineau
Audrey Duquette
Katia Elkouby
Claudine Jacques
Ann Ménard
Pamela-André Nérette
Sylvie Pelletier
Ghitza Thermidor

L'ENFANT AUTISTE

Stratégies d'intervention psychoéducatives

Éditions du
CHU Sainte-Justine
Le centre hospitalier
universitaire mère-enfant

Catalogage avant publication de Bibliothèque et Archives nationales du Québec et Bibliothèque et Archives Canada

Mineau, Suzanne, 1952-, auteur

L'enfant autiste : stratégies d'intervention psychoéducatives / Suzanne Mineau [et sept autres].

Nouvelle présentation.

(Parlons parents)

Publié antérieurement en deux volumes sous le titre : Troubles envahissants du développement. Montréal : Éditions du CHU Sainte-Justine, 2005-2008.
Comprend des références bibliographiques.
Publié en formats imprimé(s) et électronique(s).

ISBN 978-2-89619-891-7 (couverture souple)
ISBN 978-2-89619-892-4 (PDF)
ISBN 978-2-89619-893-1 (EPUB)

1. Enfants atteints de troubles du développement. 2. Enfants atteints de troubles du développement - Éducation. 3. Enfants atteints de troubles du développement - Réadaptation. 4. Autisme infantile. I. Titre : Troubles envahissants du développement. II. Titre.

RJ506.D47T764 2019 618.92'8588 C2018-942580-6
C2018-942581-4

Illustration de la couverture: Marion Arbona
Conception graphique: Nicole Tétreault

Diffusion et distribution

Québec: Prologue inc.
France, Belgique et Luxembourg: CEDIF et Daudin
Suisse: Servidis S.A.

Éditions du CHU Sainte-Justine
3175, chemin de la Côte-Sainte-Catherine
Montréal (Québec) H3T 1C5
Téléphone: (514) 345-4671
www.editions-chu-sainte-justine.org

Imprimé au Canada

Dépôt légal: Bibliothèque et Archives nationales du Québec, 2016, 2018
Bibliothèque et Archives Canada, 2016, 2018

Membre de l'Association nationale des éditeurs de livres

« L'important n'est pas de vivre comme les autres,
mais parmi les autres... »

Daniel Tammet, Asperger
Je suis né un jour bleu, *Éditions Les Arènes,* 2007

LES AUTEURES :
en collaboration

Suzanne Mineau, M. Sc. Psychoéducation

Diplômée de l'Université de Montréal, elle a travaillé pendant 25 ans pour le Programme de pédopsychiatrie du CHU Sainte-Justine auprès d'enfants âgés de 0 à 5 ans présentant différentes problématiques. De 1998 à 2003, elle a coordonné la clinique d'évaluation des troubles envahissants du développement du CHU Sainte-Justine pour les enfants de 0 à 5 ans. Elle a aussi travaillé pendant sept ans à la clinique d'évaluation des troubles envahissants du développement de l'Hôpital Rivière-des-Prairies et au sein du laboratoire de recherche dirigé par le Dr Laurent Mottron. Elle exerce actuellement en tant que consultante en autisme.

Audrey Duquette, M. Sc. Psychoéducation

Diplômée de l'Université de Sherbrooke, elle travaille à l'évaluation des troubles envahissants du développement chez les enfants âgés de 0 à 5 ans qui fréquentent le CHU Sainte-Justine. Elle cumule dix années d'expérience avec cette clientèle tant sur le plan de la recherche que sur le plan clinique.

Katia Elkouby, M. Sc. Psychoéducation

Diplômée de l'Université de Montréal, elle offre, depuis une quinzaine d'années, des services d'évaluation diagnostique et d'intervention précoce aux enfants de 0 à 14 ans auprès d'une clientèle avec troubles envahissants du développement au CHU

Sainte-Justine et en pratique privée. Elle a aussi été chargée de cours à l'Université de Montréal et conférencière à l'Université Concordia. Elle continue d'animer des ateliers et de donner des formations aux professionnels et aux parents concernés. Elle a une dizaine d'années d'expérience à titre de consultante en milieu préscolaire et scolaire.

Claudine Jacques, Ph. D. Psychoéducation

Diplômée de l'Université de Montréal, elle a travaillé pendant près de dix ans en évaluation et en intervention auprès d'enfants de 0 à 5 ans avec des troubles envahissants du développement au sein du Programme de pédopsychiatrie du CHU Sainte-Justine. Elle a également travaillé en pratique privée et à la clinique d'évaluation des troubles envahissants du développement de l'Hôpital Rivière-des-Prairies. Elle est actuellement professeure au Département de psychoéducation de l'Université du Québec en Outaouais.

Ann Ménard, M. Sc. Psychoéducation

Diplômée de l'Université de Montréal, elle a travaillé pendant 15 ans auprès d'enfants présentant des besoins particuliers, dont 7 au sein du Programme de pédopsychiatrie du CHU Sainte-Justine. Elle a également enseigné au Département de psychoéducation de l'Université de Montréal. Elle est actuellement enseignante-chercheuse au Département d'éducation à l'enfance du Cégep Marie-Victorin.

Pamela-Andrée Nérette, M. Sc. Psychoéducation

Diplômée de l'Université de Montréal et de l'Université du Québec en Outaouais, elle a obtenu la Médaille d'or de la Gouverneure générale du Canada pour ses études de deuxième cycle. Elle a travaillé pendant dix ans en évaluation et en intervention auprès d'enfants de 0 à 5 ans avec des troubles envahissants du développement au sein du Programme de pédopsychiatrie du CHU Sainte-Justine. Depuis 2006, elle s'est jointe à l'équipe santé mentale jeunesse du CSSS Sud-Ouest-Verdun.

Sylvie Pelletier, M. Sc. Psychoéducation

Diplômée de l'Université de Sherbrooke, elle travaille depuis 2002 à l'évaluation des troubles envahissants du développement chez les enfants âgés de 0 à 5 ans qui fréquentent le CHU Sainte-Justine. Elle cumule une vingtaine d'années d'expérience avec les enfants autistes, une expérience qu'elle a acquise en milieu communautaire, en centre de réadaptation et en milieu hospitalier. Elle est également superviseure de stage pour des étudiants à la maîtrise en psychoéducation à l'Université de Sherbrooke.

Ghitza Thermidor, M. Sc. Psychoéducation

Diplômée de l'Université de Sherbrooke et de l'Université de Montréal, elle travaille depuis dix ans à l'hôpital de jour pour les enfants autistes et à la clinique d'évaluation diagnostique des troubles envahissants du développement de l'Hôpital Rivière-des-Prairies. Elle a également travaillé dans des centres de réadaptation et dans le milieu communautaire. Elle s'intéresse particulièrement à la guidance parentale et aux enfants de 2 à 7 ans ayant un TED et une rupture importante du fonctionnement.

REMERCIEMENTS

Nous remercions les enfants et les parents avec lesquels et pour lesquels nous avons développé ces stratégies d'intervention. Les expériences que nous avons partagées nous ont permis d'approfondir notre compréhension des enfants autistes et d'améliorer la qualité de nos interventions. Nous remercions les différents professionnels qui se sont engagés avec nous auprès de ces enfants et de leurs parents.

Table des MATIÈRES

INTRODUCTION

L'ouvrage que nous vous présentons ici est une réédition actualisée et augmentée des ouvrages publiés en 2006 (volume 1) et en 2008 (volume 2). Ces guides avaient été élaborés par des psychoéducatrices du Centre hospitalier universitaire Sainte-Justine dans le cadre de la clinique d'évaluation diagnostique des troubles envahissants du développement (TED) pour les enfants de 0 à 5 ans. La réédition actuelle a été réalisée par les mêmes auteures ainsi que par une psychoéducatrice travaillant en évaluation diagnostique et en intervention auprès des enfants autistes à l'Hôpital Rivière-des-Prairies.

Les conseils suggérés dans cet ouvrage visent à offrir aux parents un soutien à court terme à la suite de l'annonce du diagnostic de leur enfant. Nous avons tiré parti de nos années d'expérience professionnelle en évaluation et en intervention auprès des enfants autistes et de leurs parents pour déterminer les objectifs et les stratégies que nous considérons comme les plus importants en début d'intervention. Cet ouvrage collectif est notre façon de répondre au cri du cœur des parents qui apprennent que leur enfant est autiste, et qui est souvent formulé comme suit : « Ne nous laissez pas dans l'incompréhension et l'impuissance ! »

Depuis 2007, ce livre est généralement remis aux parents à l'occasion des rencontres de suivi dans les cliniques d'évaluation diagnostique de deux grands centres hospitaliers francophones de la région de Montréal. Il a pour vocation de servir d'outil de référence en attendant les services d'intervention des centres de réadaptation[1]. La psychoéducatrice collaborant à l'évaluation diagnostique est aussi responsable du suivi postdiagnostic. Ces rencontres deviennent un lieu de « vécu partagé » entre l'enfant, les parents et la psychoéducatrice. Il s'agit de créer, à partir des intérêts de l'enfant, des situations les plus naturelles possible et d'aider le parent à développer les capacités de communication, d'interaction, d'apprentissage et de jeux de son enfant. Cet ouvrage a surtout pour objectif de rejoindre les parents afin de leur permettre de mieux connaître et comprendre les particularités et l'unicité de leur enfant et de découvrir des stratégies éducatives efficaces. Ces stratégies sont comme des petites lanternes de savoir et de savoir-faire, et leur apprentissage favorise un meilleur ajustement aux particularités de l'enfant. Finalement, ce livre cherche aussi à redonner au parent un sentiment de compétence et de maîtrise en écho au bien-être et au développement optimal de son enfant.

Cet ouvrage s'inscrit dans une approche psychoéducative globale, c'est-à-dire qu'il présente des stratégies d'intervention qui concernent l'ensemble du développement de l'enfant. Il ne s'agit pas d'un programme à appliquer intégralement, mais plutôt d'un guide de référence qui tient compte des particularités des enfants autistes. Les recommandations qu'il présente doivent être adaptées à chacun d'eux en fonction des caractéristiques définies lors des évaluations diagnostiques interdisciplinaires (ergothérapie, neuropsychologie, orthophonie, pédiatrie, psychologie, psychiatrie, psychoéducation) et des renseignements et des besoins transmis par les parents. Les moyens d'intervention présentés dans cet ouvrage ont été conçus et pratiqués pendant les activités quotidiennes de l'enfant (routines de vie, jeux, collations, activités diverses), et ce, dans l'ensemble des microsystèmes (maison, service de garde préscolaire, école, etc.). Ces stratégies se fondent sur la compréhension et l'acceptation des caractéristiques des enfants autistes et sur la satisfaction de leurs besoins. À vous de choisir celles qui vous semblent les mieux adaptées à votre réalité.

Les stratégies d'intervention présentées dans ce guide visent principalement à répondre aux besoins des enfants autistes non verbaux, des enfants autistes ayant un début d'acquisition du langage et des enfants autistes verbaux âgés d'environ 2 à 8 ans.

Note

1. Au Québec, les services aux enfants autistes relèvent de la responsabilité des centres de réadaptation du secteur d'habitation de l'enfant.

Chapitre 1

Les troubles envahissants du développement (TED) ou TROUBLES DU SPECTRE DE L'AUTISME (TSA)

Les TED sont des troubles neurodéveloppementaux qui se caractérisent par une altération des interactions sociales et de la communication de même que par des comportements stéréotypés et des intérêts restreints. Il existe actuellement cinq catégories de TED dans la quatrième édition du *Manuel diagnostique et statistique des troubles mentaux* (DSM-IV) : l'autisme, le syndrome d'Asperger, le trouble envahissant du développement non spécifié (TEDNS), le syndrome de Rett et le trouble désintégratif de l'enfance. Il existe cependant un consensus quant à la présence d'un sous-groupe plus restreint comprenant uniquement l'autisme, le syndrome d'Asperger et le TEDNS[1]. D'ailleurs, dans la cinquième édition du même ouvrage (DSM-5), qui vient tout juste de paraître[2], les diagnostics d'autisme, de syndrome d'Asperger et de TEDNS sont regroupés dans une seule catégorie diagnostique : les troubles du spectre de l'autisme (TSA). Afin de faciliter la lecture de cet ouvrage, nous utiliserons le terme « enfant autiste », qui regroupe les trois syndromes de cette catégorie diagnostique nouvellement créée.

Dans les études épidémiologiques, la fréquence moyenne des TED est estimée à 60-70/10 000, contre 20/10 000 pour l'autisme[3]. L'augmentation de la prévalence observée récemment serait attribuable à une amélioration des méthodes d'évaluation diagnostique et à l'inclusion d'enfants auparavant classés dans d'autres catégories diagnostiques. La proportion garçon/fille demeure stable dans les études (de l'ordre de quatre à cinq garçons pour une fille), mais varie selon le niveau d'intelligence[4,5].

Dans ce chapitre, nous définirons brièvement les troubles du spectre de l'autisme (TSA) : autisme, syndrome d'Asperger et TEDNS. Nous décrirons ensuite les principales caractéristiques des TSA. Il est à noter que chacune d'entre elles fera ensuite l'objet d'un chapitre distinct. Nous terminerons avec quelques considérations sur l'intelligence autistique.

Quelques définitions

Il est parfois difficile de bien comprendre les nuances entre les différents diagnostics. Nous avons tenté d'expliquer l'autisme, le syndrome d'Asperger et le TEDNS simplement, de manière précise et accessible.

Autisme

L'autisme se définit par une altération qualitative des interactions sociales et de la communication et par des comportements stéréotypés et des intérêts restreints. Pour poser le diagnostic, le retard ou le caractère anormal du fonctionnement doit avoir débuté avant l'âge de 3 ans.

Il est possible de distinguer l'autisme de bas niveau et de haut niveau à partir d'un certain âge. Les deux groupes se différencient par leur quotient intellectuel non verbal qui, chez les autistes de haut niveau, est égal ou supérieur à 70 sur un test standardisé d'évaluation intellectuelle. Cette distinction a le défaut de confondre le niveau de fonctionnement de l'enfant dans un environnement non adapté et son niveau intellectuel.

Un autre défaut de cette distinction est de considérer le niveau intellectuel comme étant adéquatement mesuré par l'instrument utilisé[6]. Ainsi, les données obtenues doivent être considérées avec une certaine prudence vu les limites qui s'appliquent à la passation des tests d'intelligence à la clientèle autistique. En effet, ces tests ne tiennent pas compte des pics d'habiletés qui sont souvent rapportés par les parents et qui peuvent être utilisés dans les interventions menées auprès de ces enfants.

L'autisme se caractérise par un retard du développement du langage avant 36 mois. Chez les autistes de haut niveau, l'acquisition du langage se fait souvent de manière particulière. De quasi mutique — c'est-à-dire sans langage entre 18 et 36 ou 48 mois — l'enfant peut développer rapidement son langage en brûlant les étapes développementales classiques de la phrase à un mot, puis à deux mots, etc. Chez les enfants autistes, le développement du langage suit habituellement des étapes prédictibles identifiées par Prizant : le mutisme (aucun langage), l'écholalie immédiate (la répétition immédiate de mots ou d'énoncés entendus), l'écholalie différée (la répétition avec délai de mots ou d'énoncés entendus), le langage stéréotypé (l'utilisation fortement répétitive de phrases ou d'énoncés avec des schémas d'intonation réguliers) et le langage productif hypergrammatical (le fait de produire son propre langage de façon très formelle et en respectant scrupuleusement les règles) avec répétitivité thématique. Ces différentes étapes se déroulent de manière accélérée entre 3 et 6 ans chez les enfants autistes sans déficience intellectuelle, et de manière plus lente et incomplète chez les enfants autistes de bas niveau. Ces derniers peuvent par ailleurs demeurer à l'une des étapes sans compléter les autres. Chez les enfants autistes de haut niveau, c'est souvent dans le domaine du langage que les transformations développementales sont les plus importantes entre l'âge de 3 et 6 ans. Ces transformations concernent surtout la forme du langage. La pragmatique du langage, c'est-à-dire ce qu'on fait par le moyen du langage, demeure problématique. Son utilisation est souvent marquée par la répétitivité, l'envahissement de thématiques particulières et le manque de réciprocité de l'échange conversationnel. L'acquisition rapide du langage entre 3 et 6 ans ne doit pas être interprétée comme une guérison ou une erreur de diagnostic, mais plutôt comme une particularité de la trajectoire développementale de l'autisme. L'enfant continuera à présenter des difficultés dans les domaines de la communication et des interactions sociales réciproques ainsi que dans celui des comportements et des intérêts restreints.

Syndrome d'Asperger

Le syndrome d'Asperger se différencie de l'autisme de haut niveau par l'absence de retard de langage et de certaines caractéristiques du langage expressif : écholalie, inversion pronominale, utilisation de néologismes et langage stéréotypé. L'enfant Asperger peut même acquérir une prononciation très claire des mots dès l'âge de 2 ans, un vocabulaire recherché et, à un âge précoce, des comportements d'hyperlexie (la capacité de lire sans enseignement de la part de l'adulte). Comme chez les autistes, toutefois, l'utilisation du langage est marquée par la répétitivité, l'envahissement de thématiques particulières et le manque de réciprocité de l'échange conversationnel. L'enfant Asperger présente aussi des difficultés semblables à celles de l'enfant autiste dans les domaines des interactions sociales, des comportements stéréotypés et des intérêts restreints. La trajectoire développementale du syndrome d'Asperger se différencie de celle de l'autisme dans les phases précoces du développement et amène les parents à rapporter les premiers signes plus tardivement, c'est-à-dire uniquement autour de 3 ou 4 ans.

Trouble envahissant du développement non spécifié (TEDNS)

Le diagnostic de TEDNS est posé lorsqu'un enfant présente plusieurs caractéristiques associées à l'autisme, mais que celles-ci sont en nombre insuffisant pour établir un diagnostic d'autisme ou de syndrome d'Asperger. Comme l'autisme, le TEDNS peut être diagnostiqué chez des enfants avec ou sans déficience intellectuelle.

Les caractéristiques des troubles du spectre de l'autisme (TSA)

Pour favoriser la compréhension du lecteur, nous décrirons séparément le domaine de la communication et celui des interactions sociales. Ces derniers seront cependant regroupés en un seul dans le DSM-5. Les situations d'intervention auprès des personnes autistes impliquent habituellement de façon simultanée ces deux domaines, qui sont rassemblés sous l'appellation de « sociocommunicatif ».

Communication et langage

Comme nous l'avons mentionné précédemment, l'acquisition des habiletés langagières chez les enfants autistes se caractérise souvent par des retards ou par un développement atypique. Les particularités du langage sont souvent à l'origine des premières préoccupations parentales. Les tentatives de ces enfants pour compenser le langage verbal par d'autres modes de communication (mimiques, gestes) sont aussi limitées. Les difficultés touchent donc l'ensemble de la communication, qu'elle soit verbale ou non verbale, et doivent être abordées ainsi.

Une minorité d'enfants autistes non verbaux ne développent jamais de langage verbal. Chez certains enfants, le développement du langage connaît une régression entre 12 et 18 mois, mais la situation se rétablit en partie ou complètement par la suite. Pour les enfants non verbaux, les stratégies de communication non verbale, comme les gestes ou les représentations graphiques concrètes (photos, images) compensent l'absence de langage et stimulent l'apprentissage de la fonction de communication.

D'autres enfants développent tardivement l'utilisation de mots isolés, de mots combinés, puis de phrases. Chez d'autres encore, le développement du langage est atypique : ils utilisent rapidement des phrases complexes alors que leur langage était auparavant limité. En règle générale toutefois, la séquence de transformation du langage chez les enfants autistes est la suivante :

- Mutisme ;
- Écholalie immédiate ;
- Écholalie immédiate et différée ;
- Écholalie immédiate, écholalie différée et langage stéréotypé en contexte (le langage est en lien avec la situation) ;
- Écholalie différée avec inversion de pronom (par exemple, utilisation du pronom tu au lieu du pronom je), langage stéréotypé en contexte et langage productif ;
- Langage stéréotypé et langage productif ; langage productif avec répétitivité thématique[7]. On remarque également d'autres particularités, notamment dans l'intonation, le volume et le rythme de la voix.

Les enfants qui maîtrisent suffisamment le langage montrent quant à eux des difficultés à initier ou maintenir des échanges conversationnels (tour de parole, respect du thème, réciprocité de l'échange) et à raconter des événements en ordre chronologique.

Interactions sociales

Chez les enfants autistes, le contact visuel est souvent évitant, bref, peu soutenu, voire absent. L'expression d'émotions ou d'affects est limitée, soit neutre ou exagérée, et elle n'est pas suffisamment dirigée vers l'interlocuteur. La compréhension des émotions et des intentions de l'autre n'est pas instinctive, mais elle peut être acquise de façon rationnelle. L'enfant a de la difficulté à établir des relations avec les autres enfants de son âge. Certains enfants s'amusent seuls, tandis que d'autres s'amusent en parallèle en refusant de partager leur matériel de jeu. D'autres encore s'introduisent de façon inappropriée ou s'éloignent inopinément du groupe de pairs. Certains prérequis aux interactions sociales sont absents ou apparaissent tardivement, notamment l'initiation et la réponse à l'attention conjointe : l'enfant autiste cherche donc peu à partager son attention, n'a pas tendance à pointer un objet pour montrer son intérêt ou à suivre le doigt du parent pour regarder un point d'intérêt. Les interactions sociales se caractérisent également par des déficits sur le plan de la réciprocité sociale et émotionnelle : les enfants autistes ne cherchent pas à partager leurs objets, leurs plaisirs ou leurs réussites, ne montrent pas leurs réalisations et n'offrent pas de réconfort. Même lorsqu'elles se mettent en place, les interactions sociales restent marquées par un déficit sur le plan de la réciprocité. En outre, les enfants autistes ne s'intéressent pas beaucoup à ce que les autres leur proposent ou leur racontent et semblent peu touchés par l'état émotif des personnes qui les entourent, qu'ils perçoivent et décodent difficilement.

Comportements stéréotypés, intérêts restreints et jeux

Les enfants autistes présentent des comportements stéréotypés et des intérêts restreints. Ces comportements se traduisent par un intérêt pour des objets de prédilection, par exemple les voitures, les objets qui tournent, les personnages dans les émissions de télévision, les figurines d'animaux, les drapeaux ou les cartes géographiques. Ils manifestent des préoccupations persistantes pour des parties de ces objets, par exemple les roues des voitures. Ils préfèrent souvent les jeux sensoriels et perceptuels (lumière, musique, couleurs, textures variées) qu'ils peuvent manipuler de façon répétitive (observer les objets de façon inhabituelle, frapper, lancer, faire tourner, aligner les objets, actionner les commandes dans un ordre donné) et à partir desquels ils peuvent développer des centres d'intérêt et une expertise particulière.

On observe chez ces enfants certaines particularités sensorielles (hypersensibilité, hyposensibilité ou recherche de sensation) sur les plans auditif, gustatif, olfactif, visuel, tactile, vestibulaire (perception de soi-même) et proprioceptif (perception du mouvement et de l'orientation). Ces particularités peuvent donner un caractère incohérent et imprévisible à l'environnement, au ressenti et à la compréhension de l'enfant et ainsi perturber son adaptation. Elles peuvent aussi permettre d'expliquer quelques comportements, comme celui de se placer les mains sur les oreilles à cause d'une hypersensibilité auditive. Certains enfants autistes exécutent des mouvements stéréotypés et répétitifs qui les stimulent et les apaisent, par exemple des battements ou des torsions des mains ou des doigts, des mouvements complexes de l'ensemble du corps ou des crispations ou des hyperextensions des membres supérieurs. On remarque souvent une démarche particulière, par exemple la marche sur la pointe des pieds.

De façon générale, le jeu de « faire semblant » est peu développé chez les enfants autistes. Ces enfants ont difficilement accès aux jeux symboliques et créatifs, qui exigent de se représenter des objets et des événements ainsi que d'utiliser les ressources de l'imagination pour élaborer des scénarios. Ils jouent rarement à ces jeux et, quand ils le font, c'est souvent de façon rigide et répétitive.

L'intelligence autistique

Depuis plusieurs décennies, la neuropsychologie cognitive tente d'expliquer scientifiquement les mécanismes cognitifs sous-jacents aux différentes caractéristiques du comportement des personnes autistes (enfants et adultes). Ces recherches ont produit plusieurs modèles cognitifs qui proposent diverses façons d'expliquer le fonctionnement des personnes autistes. Bien que ces travaux nous aient permis de mieux comprendre le fonctionnement de l'intelligence autistique, aucun modèle n'a encore réussi à expliquer l'ensemble du profil cognitif des autistes. Des profils cognitifs particuliers, dans lesquels forces et faiblesses se côtoient, ont par ailleurs été mis en évidence chez les personnes autistes.

Nous vous présentons ci-après un résumé du fonctionnement cognitif général des personnes autistes et un résumé de certaines études nous permettant de mieux comprendre ce fonctionnement et de mieux intervenir.

Le fonctionnement cognitif général

Les enfants autistes peuvent présenter une déficience intellectuelle ou être dotés d'une intelligence supérieure. Le plus souvent toutefois, ces enfants présentent un profil cognitif particulier avec des compétences pointues dans certains domaines et des faiblesses dans d'autres. Ces compétences sont souvent liées aux tâches perceptives dans la modalité visuelle et auditive, comme la discrimination, la recherche et l'identification de formes (par exemple, la manipulation de formes géométriques, les casse-têtes, la reconnaissance musicale). Les faiblesses concernent quant à elles surtout la compréhension et la résolution des problèmes verbaux, le jugement social et les opérations complexes du traitement simultané de plusieurs éléments.

L'étude des profils cognitifs des enfants autistes avec ou sans déficience intellectuelle révèle fréquemment l'utilisation de stratégies cognitives atypiques. Le degré de retard dans l'acquisition du langage n'est pas un indicateur du potentiel intellectuel. Comme nous l'expliquerons plus loin, l'utilisation de matériel compatible avec le style cognitif de l'enfant peut permettre de révéler chez lui des capacités de raisonnement complexe.

Les travaux de recherche en neuropsychologie cognitive ont également permis d'ajuster les interventions éducatives afin de faciliter et de maximiser le développement et l'évolution des enfants autistes. Les connaissances tirées de ces travaux sous-tendent les principales interventions présentées dans ce guide.

Les résultats des travaux en neuropsychologie, notamment en anatomie cérébrale[8] et en imagerie fonctionnelle cérébrale[9,10], nous en apprennent de plus en plus sur l'organisation fonctionnelle cérébrale des personnes autistes.

Afin de bien illustrer le fonctionnement de l'intelligence autistique et ses caractéristiques spécifiques, nous vous présentons ci-après un résumé des études récentes menées par nos collègues de l'équipe de recherche en neurosciences cognitives de l'autisme de l'Hôpital Rivière-des-Prairies sur le modèle du surfonctionnement perceptif[11-14]. Depuis plusieurs années, les échanges réguliers entre cette équipe de chercheurs et l'équipe de cliniciens contribuent à enrichir nos réflexions sur l'intervention auprès des enfants autistes. Nous vous présenterons ensuite d'autres modèles cognitifs : la théorie de la cohérence centrale, le déficit des fonctions exécutives et, enfin, la cognition sociale chez les personnes autistes.

Surfonctionnement perceptif

Le fonctionnement cognitif des personnes autistes révèle un processus particulier et atypique du traitement de l'information qui se fait principalement par une étape de base en cognition : la perception. La perception visuelle, auditive, tactile, olfactive et gustative traite les informations provenant de nos sens. Par la suite, d'autres opérations cognitives plus complexes sont habituellement utilisées dans le processus du traitement de l'information, le raisonnement verbal par exemple. Chez les autistes, ces opérations plus complexes seraient assumées par la perception. Le raisonnement perceptif serait à l'origine du profil cognitif particulier des autistes avec leurs pics de performances et leurs faiblesses. En effet, l'intelligence autistique utiliserait les opérations perceptives pour traiter de façon particulière, et quelquefois exceptionnelle, des informations visuelles et auditives.

Des compétences en discrimination visuelle et auditive de même qu'en attention et en mémorisation visuelle et auditive ont été mises en évidence chez des personnes autistes accomplissant certaines tâches cognitives. Ainsi, grâce à Soulières et ses collaborateurs, l'examen de la façon dont les autistes résolvent les problèmes présentés dans un test d'intelligence générale — les matrices progressives de Raven — nous permet de comprendre quelques aspects distinctifs du fonctionnement de l'intelligence autistique et d'adapter nos approches pédagogiques. Dans ce test, chaque problème est présenté par un modèle imagé d'une série de formes géométriques avec une partie manquante. Le sujet doit compléter la partie manquante en choisissant parmi six à huit options. Les instructions verbales sont réduites au minimum. La figure 1.1 permet de mieux comprendre ce qui est demandé.

Ce test mesure la capacité de raisonnement non verbal par analogie et déduction logique. Ce type de raisonnement permet de repérer une transformation dans la situation A et de la reporter dans la situation B. Pour résoudre les problèmes des matrices de Raven, il faut formuler des hypothèses, les tester, inférer des règles, former des abstractions et gérer des objectifs en fonction des hypothèses posées.

Figure 1.1 | Les matrices progressives de Raven

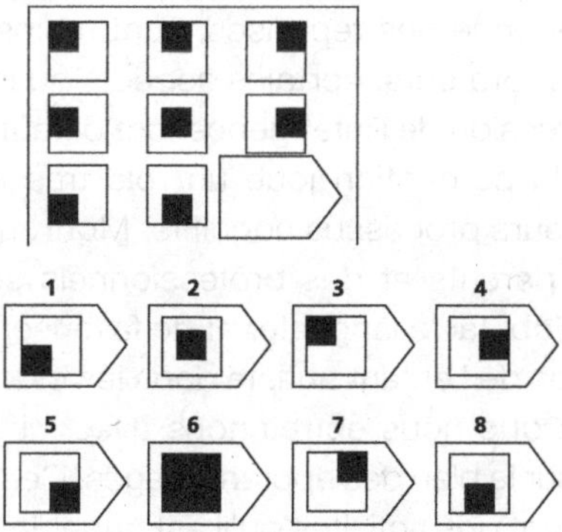

Source : www.psychologie-m-fouchey.psyblogs.net

À mesure que le degré de difficulté augmente, les sujets se mettent à parler à haute voix pour résoudre le problème. L'utilisation du langage n'est généralement pas observée chez les sujets autistes. Une activation plus intense de la région postérieure du cerveau, associée aux fonctions perceptives visuelles, a cependant été observée sous résonance magnétique fonctionnelle chez les sujets autistes, tandis que les sujets typiques présentaient une activation plus intense de la région frontopariétale, associée au langage et à l'attention.

Selon les auteurs de ces études, la perception exerce un rôle important dans le fonctionnement de l'intelligence des personnes autistes. Les activités perceptives visuelles permettraient aux personnes autistes de trouver les solutions aux éléments les plus difficiles du test des matrices de Raven, c'est-à-dire ceux pour lesquels les personnes typiques ont recours au raisonnement verbal.

Dans un article sur l'intelligence autistique, Mottron fait référence à une étude de Dawson et collaborateurs qui compare les résultats obtenus par des personnes autistes à un test d'intelligence comme les matrices de Raven à ceux obtenus au test d'intelligence le plus souvent utilisé : les échelles de Wechsler. Les résultats obtenus au dernier test, qui requiert le langage pour la formulation des questions et l'énoncé des réponses, sont moins bons. D'après Dawson et collaborateurs, certains aspects du langage comme véhicule et expression de l'intelligence font défaut aux personnes autistes, mais la perception joue un rôle très important dans l'ensemble de leurs processus cognitifs. Mottron attire d'ailleurs l'attention des parents et des professionnels sur l'importance de contourner l'obstacle langagier et de favoriser l'utilisation des forces cognitives de l'enfant autiste dans les évaluations et dans les interactions que nous entretenons avec lui tant sur le plan personnel que sur le plan des apprentissages. Cela permet d'éviter l'appauvrissement des activités qu'il est capable de réaliser. Ces auteurs recommandent donc de considérer les différents aspects de l'intelligence autistique au moment d'intervenir. Voici quelques exemples de la façon dont les personnes autistes utilisent les processus perceptifs :

- Reconnaissance des détails et des structures visuelles ;
- Maintien en mémoire de l'information visuelle ;
- Apprentissage implicite de régularités visuospatiales et formelles par exposition (alphabet-numération-lecture globale) ;
- Apprentissage implicite des systèmes de représentation auxquels ils sont longuement exposés (par exemple, des photos avec les noms des enfants du groupe du CPE, logos commerciaux) ;
- Capacité de résoudre des problèmes de logique non verbale (matrices de Raven, jeux vidéo ou jeux mathématiques comme Logix) ;
- Absence d'essais et erreurs ;
- Cohérence logique, détection rapide de l'incohérence entre ce qui est perçu et ce qui a été mémorisé, précision du détail, exhaustivité ;
- Besoin d'être exposé à un matériel complet afin de permettre d'en déduire les régularités et les propriétés logiques (jeux de formes et de couleurs, matériel de code écrit, abécédaire et dictionnaire imagé, calendrier) ;
- Besoin d'être exposé à un matériel complet de connaissances thématiques afin d'en intégrer les divers éléments (par exemple, une encyclopédie thématique).

Par ailleurs, les centres et les thématiques d'intérêt chez les jeunes enfants autistes sont souvent révélateurs des caractéristiques mentionnées ci-dessus et conviennent bien à leurs forces cognitives. Ces objets d'intérêt semblent occuper une place unique dans leur univers perceptif et constituent dès lors un précieux levier d'apprentissage[15]. En démontrant l'importance de la perception dans le fonctionnement de l'intelligence autistique, les études récentes[16] permettent de mieux expliquer l'attirance des jeunes enfants autistes envers les paramètres perceptifs de leurs objets d'intérêt (visuels et auditifs), le développement d'un intérêt marqué pour cette classe d'objets et l'actualisation de leurs compétences particulières dans la maîtrise de ce domaine d'intérêt.

Ces particularités du traitement de l'information peuvent aussi permettre d'expliquer les compétences cognitives extraordinaires rapportées par les parents d'enfants autistes, notamment la réalisation d'un casse-tête complexe ou la reproduction spontanée d'une mélodie avec une voix juste.

Cohérence centrale

La théorie sur le déficit de la cohérence centrale cherche à expliquer pourquoi les personnes autistes se démarquent dans les tâches visuelles de détection des détails (niveau local) tout en affichant un déficit d'intégration globale, c'est-à-dire d'intégration de l'ensemble (niveau supérieur)[17].

Toutefois, bien que la préférence pour le traitement local soit confirmée, plusieurs études montrent que les personnes autistes présentent, plus qu'un déficit, une capacité à faire abstraction du contexte. La facilité des personnes autistes à reconstituer des casse-têtes s'explique, entre autres, par leur capacité à détecter rapidement la partie locale dans un contexte global tout en étant moins influencées par ce dernier que les personnes typiques. Nous avons fréquemment observé comment les enfants autistes parvenaient à compléter un casse-tête selon les paramètres de formes et de couleurs des pièces sans même regarder l'image globale. Une fois la tâche complétée, nous dirigions leur attention vers la représentation imagée globale du casse-tête pour les besoins de l'activité.

Fonctions exécutives

La théorie sur le déficit des fonctions exécutives (autorégulation) cherche à expliquer, entre autres, les difficultés de planification, de flexibilité et de généralisation que présentent les personnes autistes lorsqu'elles doivent planifier une action quelconque. Elle permet de rendre compte des difficultés à planifier plusieurs actions dans un but déterminé (surtout si plusieurs étapes sont nécessaires), à adapter ses actions en fonction de changements, à corriger ses erreurs et à changer de stratégie[18].

Par exemple, l'enfant autiste aura de la difficulté à mettre en application une consigne comme celle-ci : « Les enfants (il ne comprend pas qu'on s'adresse à lui), allez chercher votre matériel (quel matériel, où est-il exactement ?) pour continuer le bricolage commencé hier (quel bricolage, que veut dire la notion de temps " hier " ?) et terminez-le avant d'aller à la récréation (quelles sont les étapes qui restent à faire, par quoi commencer et avec quel matériel, de combien de temps dispose-t-il ?) ».

Chez l'enfant autiste, le déficit des fonctions exécutives est souvent associé à la rigidité de la pensée, à la répétition observée dans les comportements stéréotypés et aux intérêts restreints, aux limites du jeu créatif et imaginaire, mais également aux particularités de la communication et des interactions sociales. En effet, certains enfants autistes ont un langage répétitif (langage stéréotypé) et adoptent des routines stéréotypées dans les ouvertures sociales (façon rigide et quelque peu « mécanique » d'entrer en relation, difficulté d'ajustement). L'enfant autiste peut, par exemple, se présenter à une personne étrangère dans la rue avec la formule apprise à la maternelle : « Bonjour, je m'appelle Sébastien et j'ai 5 ans. »

La cognition sociale

Les interactions sociales des personnes autistes se caractérisent par un manque d'initiative et de réponse aux interactions ainsi que par un déficit de la communication non verbale. Plusieurs chercheurs ont tenté de décrire et d'expliquer ces particularités, mais aucun modèle explicatif unique n'a pu être établi[19].

Le *modèle de la motivation sociale* montre, pour les bébés chez qui un diagnostic d'autisme sera confirmé plus tard, un manque d'intérêt précoce envers l'environnement social au profit d'une orientation vers les aspects perceptifs de l'environnement[20]. Les bébés typiques sont naturellement attirés par le visage, le regard et la voix des personnes et y trouvent des indices pour explorer le reste du monde et développer graduellement une compréhension de leur univers social. Les bébés autistes regardent moins les yeux et davantage la bouche et la périphérie du visage. Ils sont plus attirés par les stimuli sensoriels comme les couleurs, les textures, les mouvements et les sons des objets que vers les regards et les sourires des personnes. On constate parfois une absence d'éprouvé émotionnel dans des situations émotionnellement chargées pour les autres et des réactions émotionnelles positives dans des situations non sociales et impliquant les objets ou thèmes d'intérêt particulier de l'enfant.

Le *modèle du déficit des théories de l'esprit* cherche quant à lui à expliquer les difficultés que montrent les personnes autistes à interpréter le comportement d'autrui en fonction d'une intention, d'une émotion ou d'un raisonnement. Cette théorie permettrait d'expliquer les difficultés sociales caractéristiques des personnes autistes, qui ont tendance à interpréter les comportements à partir de leur perception première et sans inférer les intentions d'autrui[21]. Ces difficultés d'interprétation peuvent avoir une incidence importante sur la communication et les interactions sociales réciproques. Par exemple, un enfant autiste peut frapper un autre enfant qui pleure après avoir égaré son doudou parce qu'il ne comprend pas ce que cet enfant éprouve et qu'il est hypersensible aux sons forts et soudains. Il peut aussi avoir de la difficulté à décoder les intentions malveillantes d'une personne qui lui demande de faire une action déplacée parce qu'elle est souriante et qu'elle affirme être son amie. Si la capacité à se représenter les pensées et les intentions des autres se développe généralement avec le temps, il arrive souvent que les personnes autistes adultes dotées de forces cognitives supérieures continuent de présenter des difficultés à comprendre les situations sociales complexes.

Le *modèle de la perception sociale,* qui étudie les processus perceptifs utilisés pour reconnaître les émotions, les visages et les comportements des autres, montre un traitement moins efficace des informations sociales chez les enfants autistes, mais sans déficit important permettant d'expliquer l'ensemble des particularités sociales. Des études ont par ailleurs démontré que les régions cérébrales sollicitées dans la reconnaissance des expressions faciales et la détection des mouvements étaient moins actives chez les personnes autistes que chez les personnes non autistes[22].

Notes

1. Mottron L. (2004). *L'autisme: une autre intelligence. Diagnostic, cognition et support des personnes autistes sans déficience intellectuelle.* Sprimont: Pierre Mardaga éditeur.
2. American Psychiatric Association (2012). *DSM-5: The Future of Psychiatric Diagnosis*. www.dsm5.org
3. Fombonne E., Zakarian R., Bennett A., Meng L. et McLean-Heywood D. (2006). « Pervasive Developmental Disorders in Montreal, Quebec, Canada: Prevalence and Links With Immunization ». *Pediatrics*, 118: 139-150.
4. Fombonne E. (2009). « Epidemiology of Pervasive Developmental Disorders ». *Pediatric Research*, 65: 591-598.
5. Mottron L. (2004). *L'autisme: une autre intelligence. Diagnostic, cognition et support des personnes autistes sans déficience intellectuelle.* Sprimont: Pierre Mardaga éditeur.
6. Mottron L. (2004). *L'autisme: une autre intelligence. Diagnostic, cognition et support des personnes autistes sans déficience intellectuelle. Sprimont: Pierre Mardaga éditeur.*
7. Prizant B.M. (1983). « Language and Communication in Autism: Toward an Understanding of the "Whole" of It ». *Journal of Speech and Hearing Disorders*, 48: 296-307.
8. Casanova M.F., Buxhoeveden D.P., Switala A.E et Roy E. (2002). « Minicolumnar Pathology in Autism ». *Neurology*, 58(3): 428-432.
9. Samson F., Mottron L., Soulières I. et Zeffiro T.A. (2012). « Enhanced Visual Functioning in Autism: an AEL Meta-analysis ». *Human Brain Mapping,* 33(7): 1553-1581.

10. Soulières I., Dawson M., Samson F., Barbeau E.B., Sahyoun C.P., Strangman G.E., Zeffiro T.A. et Mottron L. (2009). « Enhanced Visual Processing Contributes to Matrix Reasoning in Autism ». *Human Brain Mapping*, 30 : 4082-4107.

11. Samson F., Mottron L., Soulières I. et Zeffiro T.A. (2012). « Enhanced Visual Functioning in Autism: An AEL Meta-Analysis ». *Human Brain Mapping,* 33(7) : 1553-1581.

12. Soulières I., Dawson M., Samson F., Barbeau E.B., Sahyoun C.P., Strangman G.E., Zeffiro T.A. et Mottron L. (2009). « Enhanced Visual Processing Contributes to Matrix Reasoning in Autism ». *Human Brain Mapping*, 30 : 4082-4107.

13. Mottron, L. (2010). « Que fait-on de l'intelligence autistique ? » *Enfance*, 1 : 45-47.

14. Dawson M., Soulières I., Gernsbacher M.A. et Mottron L. (2007). « The Level and Nature of Autistic Intelligence ». *Psychological Science*, 18 : 657-662.

15. Mineau S. et Mottron L. (1998). « Étude de cas : Intervention thérapeutique utilisant les " intérêts particuliers " chez un enfant autiste avec agnosie visuelle ». *Santé mentale au Québec*, 23(1) : 67-84.

16. Mottron, L. (2010). « Que fait-on de l'intelligence autistique ? » *Enfance*, 1 : 45-47.

17. Frith U. (2003). *Autism: Explaining the Enigma*. 2nd edition. Oxford : Blackwell.

18. Ozonoff S. (1998). « Components of Executive Function in Autism and Others Disorders ». In J. Russell, ed. *Autism as an Executive Disorder.* Oxford : Oxford University Press.

19. Forgeot D'Arc B. (2012). « Cognition sociale dans l'autisme : mythes, état des connaissances et futur ». Conférence organisée dans le cadre des Relais scientifiques de l'Hôpital Rivière-des-Prairies, Montréal.

20. Chevallier C., Kohls G., Troiani V., Brodkin E. et Schultz R. (2012). « The Social Motivation Theory of Autism ». *Trends in Cognitive Sciences*, 16(4): 231-239.

21. Baron-Cohen S., Leslie A.M. et Frith U. (1985). « Does the Autistic Child Have a Theory of Mind? » *Cognition*, 21(1) : 37-46.

22. Jones C.R., Pickles A., Falcaro M., Marsden A.J., Happé F., Scott S.K., Sauter D., Tregay J., Phillips R.J., Baird G., Simonoff E. et Charman T. (2011). « A Multimodal Approach to Emotion Recognition Ability in Autism Spectrum Disorders ». *Journal of Child Psychology and Psychiatry*, 52(3) : 275-285.

Chapitre 2

LES STRATÉGIES psychoéducatives

Les moyens d'intervention proposés ici proviennent de l'expérience clinique des auteures ainsi que d'une conception psychoéducative de l'intervention auprès des enfants autistes. La psychoéducation s'intéresse à l'étude des difficultés d'adaptation dans une perspective développementale globale. Le psychoéducateur possède une formation universitaire lui permettant d'évaluer de manière rigoureuse les capacités adaptatives, les difficultés et les besoins d'une personne afin de déterminer, voire d'assurer la mise en place d'un programme d'intervention. L'intervention psychoéducative passe par l'établissement d'une relation d'aide dans les activités courantes de la personne, ce que les psychoéducateurs appellent le «vécu partagé». Les stratégies psychoéducatives présentées dans ce livre visent à améliorer l'évolution et l'adaptation de l'enfant autiste dans les différents domaines de son développement. Elles sont toujours fondées sur la séquence d'actions suivante:

Figure 2.1 | Séquence d'actions

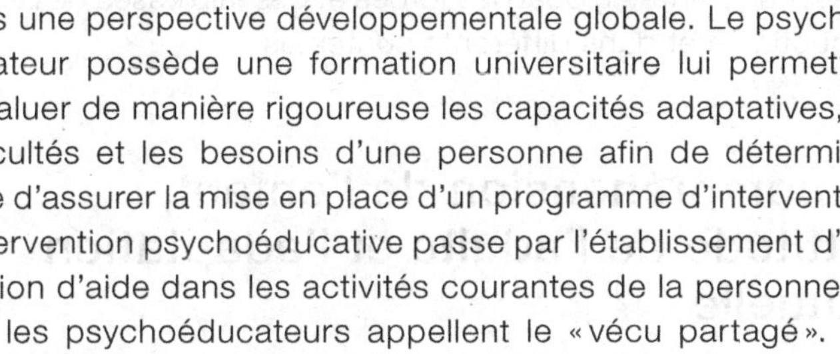

L'observation comme point de départ

L'observation de l'enfant au quotidien et dans les différents milieux qu'il fréquente offre un complément essentiel aux rapports des professionnels (psychologue, neuropsychologue, ergothérapeute, orthophoniste, médecin, psychoéducateur) et aux informations provenant des intervenants œuvrant auprès de l'enfant (éducateurs, enseignants, etc.).

Les observations peuvent porter sur les caractéristiques propres à l'enfant autiste : communication, interactions, intérêts et comportements stéréotypés. Les différents chapitres du présent ouvrage commencent d'ailleurs par une série de questions permettant de raffiner l'observation de ces caractéristiques. Prendre le temps d'observer, c'est aussi noter des réactions particulières, des réussites ou tout autre détail permettant de dresser un portrait global des forces et des faiblesses de l'enfant au quotidien et dans différents contextes.

La compréhension de l'enfant, l'attitude de l'adulte et l'adaptation mutuelle

L'enfant autiste semble agir « en parallèle » avec ses proches. Il communique et interagit peu ou le fait sans être capable d'utiliser les habiletés interpersonnelles conventionnelles favorisant une certaine réciprocité dans l'échange. Il le fait à sa façon. Afin de favoriser un comportement plus adapté chez cet enfant, l'entourage doit aussi s'acclimater et ajuster son environnement : l'adaptation devient alors mutuelle.

L'attitude de l'adulte est donc primordiale pour favoriser une approche adaptée à l'enfant en considérant son développement global. Aider un enfant autiste, c'est d'abord comprendre ses particularités et adapter son environnement, mais aussi adapter notre attitude envers lui. L'objectif est d'assurer son bien-être en tentant de développer ses capacités de façon optimale et en fonction de repères différents de nos repères habituels.

La planification par le biais de stratégies de base

Si vous êtes un parent, peut-être vous demandez-vous par où commencer tant la routine avec votre enfant est compliquée et ponctuée de crises ? Peut-être avez-vous l'impression que votre enfant n'intègre pas les règles familiales ou que le moindre changement entraîne une désorganisation ? Les enfants autistes ont des besoins particuliers qui doivent être considérés avant même d'aborder la notion d'intervention.

Planifier en tenant compte des caractéristiques et du profil de l'enfant

Les caractéristiques propres à l'enfant autiste sur le plan de la communication, des interactions sociales, des intérêts et des comportements stéréotypés doivent être prises en compte lorsque vient le temps de planifier les activités quotidiennes. Il est important d'utiliser un langage simple et précis, d'adapter le vocabulaire au niveau de la compréhension de l'enfant et d'avoir des attentes raisonnables en ce qui concerne la socialisation. Il faut mettre à profit les observations que vous avez faites : utilisez les objets, les jouets ou les thèmes qui suscitent son intérêt pour stimuler ses activités de jeu et d'apprentissage.

Il faut se rappeler que l'enfant autiste perçoit, enregistre et traite les informations de façon différente. Comme nous l'avons mentionné dans la section portant sur le fonctionnement de l'intelligence autistique, la perception joue un rôle particulièrement important. Ainsi, il est indispensable de traduire les informations de l'environnement afin de les rendre signifiantes et cohérentes pour l'enfant. En collaboration avec le neuropsychologue, le psychologue, l'orthophoniste et le psychoéducateur qui l'ont évalué, traduisez les informations sous des formes adaptées aux compétences cognitives et langagières de l'enfant.

Il est également important de connaître le profil sensoriel de votre enfant et ses façons particulières de percevoir et de traiter les informations provenant de ses sens. L'ergothérapeute qui l'a évalué vous indiquera s'il présente des hyposensibilités ou des hypersensibilités sensorielles pouvant occasionner des malaises ou des réactions qui semblent étranges et qui peuvent, ultimement, entraîner des difficultés de comportement ou d'adaptation. Ainsi, il est parfois nécessaire de doser les stimuli dans l'environnement des enfants autistes, car ceux-ci ont souvent de la difficulté à traiter plusieurs stimuli et informations simultanément.

Adapter l'environnement

Le fait de connaître et, surtout, de prendre en compte les caractéristiques et le profil de l'enfant autiste permet au parent ou à l'intervenant de mieux adapter l'environnement. Trois éléments sont à considérer: le temps, l'espace et le matériel.

Temps

Lorsque cela est possible, on peut présenter à l'enfant une organisation horaire structurée de son temps par des séquences visuelles imagées et écrites adaptées à son niveau développemental.

Les points de repère imagés des activités et des routines permettent à l'enfant autiste de comprendre et d'anticiper le déroulement des moments de vie. En outre, l'enfant peut être plus attentif et plus apte à retenir un message illustré qu'un message transmis verbalement. Le recours aux séquences visuelles imagées favorise une meilleure adaptation de l'enfant en diminuant l'imprévisibilité. Il permet aussi de développer son autonomie et sa compréhension du temps qui s'écoule.

Photo 2.1 | Exemples d'horaires présentés à l'enfant

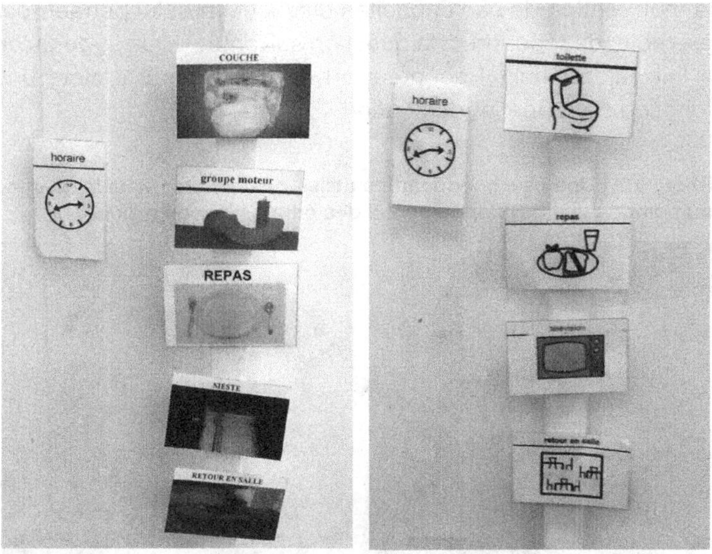

Il est important de prévoir dans l'horaire des périodes d'activités où l'enfant pourra s'adonner à ses intérêts particuliers, et des périodes d'activités où ses intérêts serviront de levier d'apprentissage. Il est aussi possible d'utiliser l'attrait perceptuel et cognitif des thématiques d'intérêt pour attirer l'attention de l'enfant. On peut, par exemple, esquisser une trajectoire au-dessus de l'horaire en encourageant l'enfant à déplacer la petite auto (comme une flèche) et à la positionner vis-à-vis de l'activité en fonction du moment de la journée.

Il est possible de mettre en place des séquences plus complexes pour les enfants dotés d'une meilleure capacité de représentation de leur environnement. Les professionnels rétorquent souvent que l'enfant connaît la routine et qu'un tableau imagé est donc inutile. L'utilisation d'une séquence visuelle est cependant un outil précieux que l'enfant plus avancé gagnera à utiliser de manière autonome en développant ses capacités d'autorégulation. Par ailleurs, nous avons souvent observé qu'un support visuel aidait l'enfant autiste à élaborer un récit. Ce type d'outil facilite la mobilisation de ses capacités d'évocation et lui permet, par exemple, de répondre à la question suivante : « Qu'est-ce qu'on a fait aujourd'hui ? Raconte-moi ! » Les images ont alors une fonction de rappel et de soutien.

Photo 2.2 | Une psychoéducatrice utilise des horaires visuels adaptés du point de vue développemental des enfants de son groupe.

Tous les enfants se développent mieux dans une routine stable et prévisible. La vie est cependant ponctuée de changements et de nouveautés (horaires modifiés, périodes de vacances, etc.). Il est préférable de prévenir l'enfant autiste de ces changements afin d'éviter les épisodes de crise ou de désorganisation. On peut, pour ce faire, utiliser des repères visuels ou verbaux qui l'aideront à se représenter, à anticiper et à apprivoiser ces nouvelles informations. L'adulte peut demander à l'enfant de les répéter en ayant recours au « je ». S'il n'a pas été possible de prévenir l'enfant, la personne peut exprimer le changement en mots et lui présenter ce qui s'en vient sous forme d'étapes. Elle peut aussi placer un petit carton rouge à l'endroit approprié et représenter le changement sous forme de dessin sur l'horaire visuel.

Espace

Il est possible d'organiser l'espace de l'enfant de façon structurée et fonctionnellement claire en tenant compte de son niveau de développement. L'adulte peut, par exemple, désigner un lieu pour manger, un lieu pour jouer et un lieu pour se reposer. Cette organisation permet à l'enfant de mieux comprendre ce qui est attendu de lui. Il est important d'utiliser des repères visuels pour guider l'enfant, comme des coussins ronds de couleurs différentes fréquemment utilisés par les psychoéducatrices. L'enfant qui réussit à anticiper et à trouver des repères dans son environnement n'a plus besoin d'aide pour distinguer chacun des lieux de son environnement physique.

Matériel de jeu et d'apprentissage

On néglige parfois l'impact du matériel présenté à l'enfant autiste. Idéalement, le matériel doit parler de lui-même. Un matériel de jeu et d'apprentissage adapté et regroupant l'ensemble des informations nécessaires permet d'offrir à l'enfant des occasions d'exercer ses capacités cognitives et ses modalités d'apprentissage.

Comme nous l'avons mentionné précédemment, les centres d'intérêt de l'enfant sont des sources privilégiées d'exploration et d'apprentissage pour lui, et des ressources importantes pour l'intervention des parents et des intervenants. Ainsi, en s'inspirant des centres d'intérêt de l'enfant pour lui présenter du matériel de jeu et d'apprentissage, on peut favoriser sa curiosité, son attention et sa participation. Nous développerons ces aspects de façon plus détaillée dans la section intitulée « Développer le jeu exploratoire et l'apprentissage à partir des intérêts de l'enfant », au chapitre 5.

Photo 2.3 | Rangement structuré du matériel de jeu

En somme, la planification de l'intervention pyschoéducative auprès des enfants ayant un trouble du spectre de l'autisme (TSA) doit tenir compte de différents éléments.

On peut la représenter par le schéma suivant :

Figure 2.2 | Planification de l'intervention psychoéducative

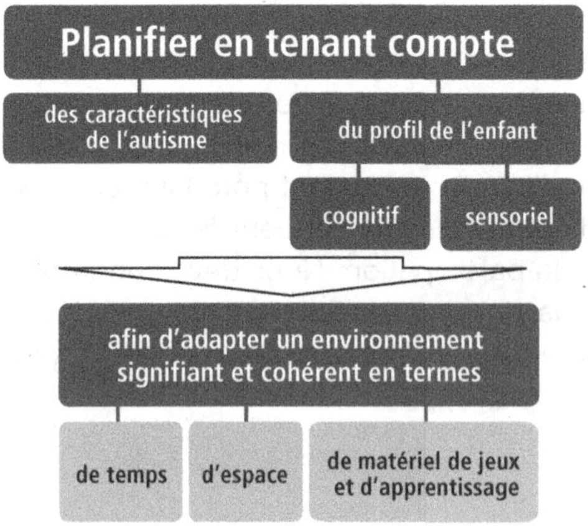

Dans les trois prochains chapitres, nous aborderons les différentes caractéristiques de la communication, des interactions sociales, des intérêts et des jeux de l'enfant autiste. Nous commencerons chacun des chapitres avec une série de questions permettant d'observer les particularités de l'enfant. Nous présenterons ensuite un point de vue psychoéducatif permettant de comprendre le sens à donner aux observations et le but de l'intervention. Nous vous suggérons de planifier ces interventions en mettant en place les stratégies liées à l'espace, au temps et au matériel présentées précédemment. Enfin, nous proposerons des stratégies d'intervention selon une séquence d'acquisition. Même si nous abordons séparément les différentes caractéristiques de l'autisme, il est important de considérer l'enfant dans sa globalité et de garder cette conception à l'esprit au moment d'intervenir.

Boîte à
outils
chapitre 3

Observer… la communication

✎ Comment l'enfant communique-t-il ?

____
____
____
____

	Oui	Non
Manifeste-t-il le désir de communiquer ?		
Établit-il un contact visuel ?		
Utilise-t-il des gestes ou des images pour se faire comprendre ?		
Utilise-t-il des mots ou des phrases ?		
Communique-t-il uniquement pour combler ses besoins personnels ?		
Imite-t-il le langage sans comprendre le contexte ?		
Adresse-t-il un message à un interlocuteur ?		
Est-il capable de décrire une situation du quotidien ?		
Est-il capable d'évoquer une activité passée ?		
Est-il capable de converser ?		
Relance-t-il son interlocuteur ?		

✎ Autres particularités sur le plan de la communication :

____
____
____
____

Chapitre 3

Le domaine de la COMMUNICATION

Comprendre la communication

La communication est la pierre angulaire de plusieurs programmes d'intervention conçus pour les enfants autistes. Nous parlons ici de la communication dans son ensemble et non pas seulement du langage. L'enfant autiste doit découvrir et prendre conscience de l'utilité de la communication dans le contexte de sa vie quotidienne. Certains enfants autistes démontrent peu d'intérêt à communiquer. Ils présentent des difficultés à exprimer leurs désirs ou leurs besoins par des sons, des mots ou des gestes. Les parents doivent souvent deviner leurs intentions, car ils utilisent des moyens inhabituels comme grimper sur le comptoir et se servir seul, utiliser la main de l'adulte comme un outil, tirer le bras de l'adulte sans préciser la demande, crier, jargonner, pleurer, rire, pointer ou tendre la main vers l'objet désiré sans vérifier qu'un adulte est disponible. S'ils ne parviennent pas à se faire comprendre, ils abandonnent ou font une crise.

Les mots sont difficiles à comprendre pour les enfants non verbaux et pour ceux qui commencent à s'exprimer verbalement. Ils commencent à peine à avoir un sens pour eux. Ces enfants ont aussi de la difficulté à décoder les indices non verbaux: mimiques, émotions, gestes et attitudes corporelles. Quand ils sont absorbés par une activité, ils ne sont pas en état de comprendre une demande ou une consigne. Ils ne présentent pas les attitudes sociales habituelles (position d'écoute, réponse à son nom, contact visuel) démontrant l'attention et l'intérêt pour un échange ou une tâche à accomplir.

Les enfants qui parlent davantage présentent quant à eux des difficultés à utiliser les divers aspects du langage, dont celui de la communication sociale. Ils manifestent peu d'intérêt à communiquer avec les autres, sauf pour exprimer leurs besoins ou parler de leurs propres intérêts. Les échanges de l'enfant autiste sont concrets: ils concernent des informations et des données réelles ou des besoins personnels de base. Les notions plus abstraites sont difficiles à saisir (expressions, humour, sarcasme, notion du temps) et les codes sociaux impliqués dans les échanges communicationnels sont peu ou mal compris (s'intéresser à l'autre, respecter le tour de parole, décoder les messages implicites comme le désir de l'autre de cesser la conversation, ses incompréhensions, faire plaisir à l'autre). La communication se caractérise souvent par des difficultés d'évocation et des difficultés à soutenir des échanges réciproques (raconter, converser).

Même chez les enfants qui ont développé leur langage expressif, la compréhension peut rester plus limitée que ne le pense l'entourage. Les proches ont souvent l'habitude de fournir des indices contextuels qui facilitent la compréhension de l'enfant. Les difficultés se manifestent davantage quand la compréhension concerne des informations plus abstraites ou exige de faire des liens ou des inférences.

Planifier et intervenir de manière graduelle sur le plan de la communication

Découvrir l'utilité d'une communication fonctionnelle

Il est essentiel que l'enfant autiste réalise concrètement l'utilité et le plaisir de la communication avec son entourage dans les situations de la vie quotidienne. Les prochaines pages présentent donc quelques idées d'interventions destinées à favoriser cette prise de conscience, qui est indissociable de la qualité des interactions avec l'entourage. L'objectif est d'aider l'enfant à mieux communiquer, c'est-à-dire à mieux comprendre son environnement, à mieux se faire comprendre par une communication spontanée et fonctionnelle et à en retirer de la satisfaction. Pour que la communication soit porteuse de sens et devienne plaisante pour l'enfant, nous recommandons :

- D'utiliser les contextes naturels de la vie quotidienne de l'enfant : routines, collations, repas, activités et jeux liés à ses intérêts spécifiques. Il est essentiel d'utiliser une activité appréciée par l'enfant afin qu'il ait envie de communiquer pour poursuivre ou refaire l'activité ou obtenir un jouet aimé. On peut ensuite provoquer des situations (mettre le jouet aimé hors de portée ou cesser l'activité et attendre un court délai) pour que l'enfant développe le désir de communiquer.
- De créer des situations inusitées ou des devinettes pour inciter l'enfant à communiquer (donner une louche plutôt qu'une fourchette au repas ; si l'enfant réagit négativement, ce que nous ne voulons pas, faire ces situations sur soi et dédramatiser).
- De développer le désir de communiquer en donnant un sens et en répondant rapidement et avec enthousiasme à toute demande spontanée initiée par l'enfant, qu'elle soit sonore,

gestuelle ou verbale, même si la formule utilisée est imparfaite (geste imprécis, absence de formule de politesse, mot sans regard). L'enfant comprendra alors que la communication procure du plaisir et que l'autre répond à ses besoins.

Dans un premier temps, il est essentiel que l'adulte ajuste sa communication et ses attitudes envers l'enfant. Voici les ajustements recommandés :

› Vérifier d'abord la disponibilité de l'enfant. S'assurer qu'il n'est pas absorbé dans une activité quand on lui adresse une demande ou qu'on lui donne une consigne. S'il est absorbé, le toucher brièvement et l'interpeller pour obtenir son attention, puis se mettre à sa hauteur pour adresser son message.

› Selon le profil langagier de l'enfant, donner la consigne ou le message de façon simple et concrète en utilisant un support visuel (geste, objet concret, photo/image avec mot écrit, séquence). Les enfants non verbaux ou verbaux qui présentent un TSA ont plus de facilité à percevoir et à intégrer les informations présentées sous forme visuelle. De plus, on sait maintenant que plusieurs enfants autistes (non verbaux ou verbaux) présentent des capacités sur le plan de la mémoire visuelle et de l'acquisition spontanée de la lecture. Ces capacités offrent un important levier de communication. On recommande notamment d'exposer l'enfant à des images avec des mots écrits et d'associer ces images à des gestes et des mots. Il ne s'agit pas de remplacer le langage verbal, mais de permettre à l'enfant de développer toutes ses capacités de communication. Utiliser des phrases courtes et mettre l'accent sur les mots importants. Ralentir le débit verbal, éviter la surcharge d'information et éviter les consignes doubles. Ne demander qu'une chose à la fois. On peut aussi exagérer l'intonation de la voix (par exemple, dire « non » d'un ton plus grave) ou certaines exclamations pour favoriser la compréhension de l'enfant.

› Favoriser l'intégration et la compréhension de l'information chez les enfants verbaux. Donner des consignes simples et explicites à l'enfant avec des repères perceptifs comme des supports visuels (images/mots écrits) ou des démonstrations concrètes. Faire répéter le message à l'enfant afin de s'assurer qu'il l'a bien reçu et compris. On ne peut pas présumer de la compréhension de l'enfant lorsqu'on ne s'adresse pas directement à lui et on ne peut pas non plus supposer que l'enfant est capable de déduction si le message n'est pas très explicite.

Si l'enfant réagit peu à une consigne de l'adulte ou s'il s'agit d'une nouvelle demande, d'une nouvelle consigne ou d'un nouvel apprentissage, faire une démonstration de ce qui est demandé et, au besoin, aider l'enfant à y répondre. On peut également guider physiquement l'enfant dans la tâche à accomplir. Si l'enfant s'éloigne ou se fâche lorsqu'on lui fait une demande ou qu'on exige quelque chose de lui, tenter de recréer l'intérêt et le contact et, si possible, de le ramener à l'activité. L'adulte peut répéter plus simplement la consigne ou modifier la formulation et vérifier la compréhension de l'enfant.

Le développement et l'enrichissement de la communication sont des étapes très importantes pour les enfants autistes. Nous vous présentons ci-dessous quelques moyens d'intervention en fonction de trois profils langagiers :

› L'enfant non verbal ou ayant un début d'acquisition du langage ;
› L'enfant ayant un début d'acquisition du langage ;
› L'enfant verbal.

Il est important d'insister sur le fait que l'adulte doit respecter les potentialités de l'enfant et augmenter les exigences communicationnelles de façon constante et cohérente afin de favoriser le succès et le plaisir et de limiter les frustrations. Cela dit, certaines habiletés sociocommunicatives de base présentées dans la section concernant l'enfant non verbal sont des prérequis à tout effort de développement de la communication.

La communication chez les enfants non verbaux ou ayant un début d'acquisition du langage

Dans la vie de tous les jours, les enfants non verbaux ont besoin de développer des moyens pour communiquer. S'ils ne remplacent pas le langage verbal, ces moyens permettent toutefois de soutenir son émergence. Ainsi, lorsqu'on répond à un enfant autiste, il faut toujours nommer le mot qui désigne ce qu'il demande. Il faut, par exemple, répondre à l'enfant qui fait un geste signifiant « encore » (pour obtenir un autre biscuit) en lui offrant un autre biscuit et en disant verbalement « encore, biscuit ». On l'encourage ainsi à apprendre des mots tout en lui permettant de se faire comprendre en attendant qu'il puisse lui-même utiliser les mots requis pour communiquer. Comme nous l'avons mentionné précédemment, il est important de répondre rapidement à toutes les initiatives de l'enfant afin qu'il établisse un lien entre le geste, le mot et l'action souhaitée et que la communication prenne un sens pour lui. Lorsque l'enfant sera capable de comprendre, l'adulte pourra progressivement l'aider à tolérer les délais et l'attente en toute confiance, mais il faut d'abord développer son désir de communiquer et sa capacité à le faire. Il faut ainsi s'assurer de répondre à toute demande, quel que soit le mode de communication utilisé (verbal, gestuel, imagé, écrit). Il est préférable d'accepter une réponse simple (un seul mot, un regard) que d'exiger une réponse plus complète et de risquer l'abandon ou la colère de l'enfant. Il faut laisser à l'enfant le temps et l'espace nécessaires pour communiquer ses désirs et profiter des situations naturelles de la vie quotidienne pour lui faire découvrir le plaisir de la communication et lui donner l'occasion d'améliorer ses stratégies de communication. Il faut par ailleurs éviter d'aller au-devant de ses demandes ou de formuler trop rapidement la demande à sa place. Il est préférable de le laisser préciser ce qu'il veut en lui fournissant certains indices (objets, images, mots écrits, gestes, début de mot ou de phrase). Il est aussi souhaitable que tous les adultes qui le côtoient utilisent la même modalité de communication afin de lui permettre de généraliser son mode de communication.

Utiliser les gestes

Le geste ne remplace pas les mots, mais il peut fournir à l'enfant une représentation concrète d'une action ou d'un objet. Le geste est une façon de communiquer qui est toujours accessible à l'enfant (c'est le corps qui est mis à contribution). L'enfant saisit souvent mieux quand il peut agir et éprouver les sensations liées à une action (par exemple, on dépose un objet dans sa main lorsqu'il fait le geste de « donne »). Certains enfants n'ayant pas encore développé le langage verbal ont plus de facilité à communiquer avec des gestes qu'avec des mots. Il est cependant important que l'adulte accompagne le geste de l'enfant du mot qui le représente afin qu'il fasse le lien entre le geste et le mot et qu'il puisse éventuellement l'utiliser par lui-même.

Il faut aussi encourager l'utilisation des gestes spontanés auxquels l'enfant a recours pour communiquer ses désirs et ses intentions. Certains gestes apparaissent de façon naturelle, notamment les gestes informatifs de « oui » et « non » de la tête et le geste conventionnel de tendre les bras ou la main. L'utilisation des gestes naturels ou codés par l'adulte permet également à l'enfant de comprendre le message verbal qui lui est adressé. L'enfant qui apprend à utiliser ces gestes augmente son répertoire et développe une meilleure communication.

Certains enfants utilisent la main de l'adulte pour exprimer leurs besoins (ils prennent la main, la déposent ou la dirigent vers un objet). Ils veulent que l'adulte exécute l'action à leur place et se servent de sa main comme d'un objet ou d'un prolongement de leur propre corps — une technique utile, mais peu interactive. Certains enfants n'ont aucun autre moyen de communiquer. Il est alors important de signifier à l'enfant que l'on comprend ses intentions tout en tentant de remplacer ce moyen d'expression par un geste plus adéquat (« pointer », « donne », « aide-moi » ou « encore », en fonction du contexte).

Il peut être nécessaire de graduer le soutien offert à l'enfant dans l'apprentissage des gestes pour qu'il parvienne à les utiliser de façon spontanée. L'adulte peut aider l'enfant à imiter ses gestes naturels ou ceux qui sont codés. Il peut ainsi, au départ, positionner les mains de l'enfant et faire le geste avec lui en verbalisant le mot correspondant au geste. Il doit aussi répondre rapidement à la demande pour que l'enfant fasse le lien entre le geste et ce qu'il provoque. Il peut ensuite diminuer progressivement l'aide accordée à l'enfant pour positionner ses mains. Chez les enfants qui ont des difficultés de motricité, la précision du geste est secondaire. L'important, c'est que l'enfant associe le geste à un moyen de communication.

Les gestes de communication que nous présentons ici proviennent de différentes sources. Les gestes doivent être adaptés aux capacités motrices de l'enfant et être simples et faciles à exécuter. Ils peuvent aider l'enfant à exprimer ses besoins de base : demander un objet, proposer une activité, signifier un arrêt d'activité ou un refus, partager ce qui l'intéresse, etc. Les gestes de base sont régulièrement utilisés par les professionnels qui interviennent auprès des enfants autistes. Certains sont des gestes naturels et d'autres sont tirés du répertoire *Les mains animées*[1].

Pointer

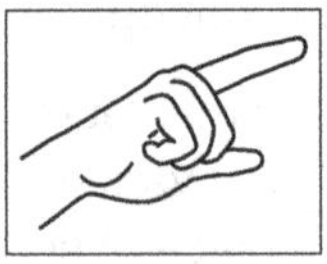

Le geste de pointer constitue une étape particulièrement importante dans le développement de l'enfant. Habituellement, l'enfant utilise d'abord ce geste dans le but d'obtenir un objet hors d'atteinte. Ce geste signifie aussi que l'enfant commence à comprendre et à utiliser l'attention conjointe dans une intention de communication ou de partage. Il l'utilise pour partager une information ou désigner un objet à une autre personne (par exemple, un avion dans le ciel). Cette habileté peut s'apprendre par imitation lorsqu'elle n'apparaît pas spontanément.

Afin de stimuler la compréhension de ce geste chez l'enfant, on peut commencer par lui montrer des objets et l'inciter ensuite à chercher ces objets en faisant appel à des jeux qui l'intéressent. L'adulte peut, par exemple, « perdre » des aliments ou des jouets et les chercher avec l'enfant en utilisant le geste de pointer. L'effort de l'enfant sera proportionnel à son intérêt pour l'objet « perdu ».

L'adulte peut aussi utiliser ce geste pour diriger l'attention de l'enfant vers certaines choses (vêtement sur un meuble, jouet dans une pièce) ou vers certains événements ou situations (un chien court dans la rue, maman arrive dans le salon, etc.).

Lorsque l'adulte a l'impression que l'enfant comprend le sens de l'attention partagée, il peut l'encourager à utiliser à son tour le geste de pointer pour faire une demande ou pour diriger l'attention des autres vers un objet qui l'intéresse. Il peut aider l'enfant à positionner son bras et son doigt vers l'objet convoité lorsque celui-ci se trouve hors de portée. Il est préférable de placer peu d'objets sur une tablette et de laisser un espacement entre chacun pour aider l'enfant à préciser son geste, afin qu'il le dirige vraiment vers l'objet souhaité.

L'adulte peut aussi montrer deux objets pour inciter l'enfant à faire un choix en pointant l'objet désiré. Ce geste peut être amélioré en pointant des objets situés à courte distance (des images dans un livre, un objet sur la table, etc.).

Encore

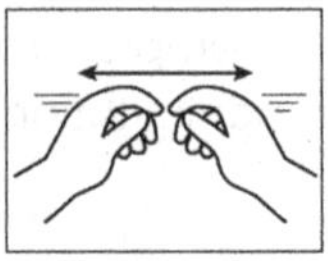

Ce geste est utile pour amener l'enfant à demander la récurrence, la répétition d'une action ou pour obtenir à nouveau un jouet ou une collation.

L'adulte peut utiliser des activités plaisantes qui comportent une composante sensorielle ou motrice (chatouiller, rouler sur un ballon, sauter, pousser l'enfant sur une balançoire, faire des bulles, faire tourner l'enfant en chantant une comptine...) et arrêter soudainement pour stimuler la demande de récurrence.

Donne

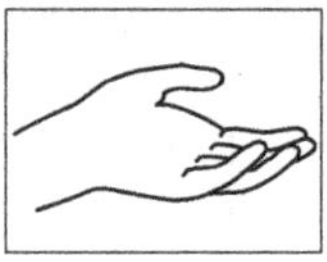

Ce geste permet à l'enfant de demander un objet ou de réclamer une chose à laquelle il n'a pas accès. L'enfant développe ainsi les demandes dirigées et adressées à l'interlocuteur, plus précises que le seul geste de « pointer ».

Il est possible de créer des situations où l'enfant doit faire une demande au lieu de se servir seul. Par exemple, au moment de la collation, l'adulte peut offrir une petite quantité de nourriture à l'enfant et attendre qu'il fasse le geste « donne » avant de lui en offrir davantage. Il peut, au besoin, profiter du mouvement spontané de l'enfant (l'élan pour venir prendre l'objet) pour repositionner sa main tout en disant le mot « donne ». On peut travailler ce geste avec divers objets d'intérêt : des balles, des blocs, des petites voitures, des encastrements, etc.

Fini

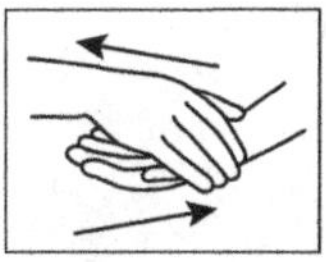

Ce geste permet de signaler concrètement la fin d'une activité et facilite les transitions. L'enfant dispose ainsi d'un moyen de demander l'arrêt d'une activité ou de mentionner qu'il ne veut plus faire quelque chose.

Lorsqu'une activité prend fin, faire le geste « fini » en verbalisant le mot permet d'inscrire cette association dans l'esprit de l'enfant. L'adulte peut faire le geste avec les mains de l'enfant lorsque ce dernier veut mettre fin à une activité (quand il crie, s'éloigne, refuse de poursuivre).

Aide

Ce geste permet à l'enfant de réagir dans les situations où il se trouve en difficulté. Afin de stimuler cet apprentissage, l'adulte peut créer des situations où l'enfant ne peut s'organiser seul, par exemple lorsqu'il n'arrive pas à actionner un jeu ou à ouvrir un contenant. Il se tient alors près de lui pour lui fournir l'aide nécessaire. Il peut lui tendre la main pour l'inciter à donner l'objet, placer ses mains (geste « aide ») et dire le mot « aide » pour lui signifier son besoin. Il est important de ne pas attendre que l'enfant se fâche afin de le garder disponible. S'il devient anxieux, l'adulte peut l'aider rapidement en lui traduisant son besoin.

Veux pas

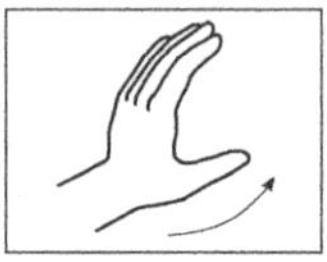

Les enfants autistes non verbaux ont souvent peu de moyens pour communiquer leur désaccord. Souvent, au lieu de dire non, ils s'éloignent ou se fâchent. Certains utilisent des gestes moins adaptés (lancer l'objet, frapper l'adulte). Le geste « veux pas » leur donne une stratégie communicative plus adéquate et mieux dirigée pour manifester leur refus et leur désaccord.

L'adulte peut prendre la main de l'enfant qui manifeste son mécontentement et faire avec lui le geste de repousser de la main (« veux pas »). Il peut ensuite répondre à ce geste en retirant l'objet non désiré et en exprimant à haute voix la volonté de l'enfant, soit en disant « veux pas ». L'enfant qui est déjà capable de dire « non » avec la tête peut poursuivre avec ce geste.

Pour pratiquer le « veux pas », l'adulte peut créer des situations de refus rigolotes et moins anxiogènes. Il peut par exemple offrir à l'enfant un objet inusité (une chaussure) au moment du dessert pour « forcer » le refus. Il est cependant recommandé d'avoir un vrai dessert à portée de main !

Encourager l'utilisation des mots chez les enfants préverbaux

Si les moyens visuels et/ou gestuels sont souvent utiles aux enfants autistes, il est cependant important de maintenir l'utilisation du mode de communication verbale. En s'appuyant sur des objets concrets et des images accompagnées de mots écrits et de gestes, les parents et les professionnels font en sorte que les mots acquièrent graduellement du sens pour l'enfant.

Cette période de prélangage exige une sensibilité accrue, car elle demande de donner un sens aux balbutiements langagiers de l'enfant. L'essentiel, au tout début, est de traduire les intentions de l'enfant et de l'encourager à initier la communication en passant par un mode non verbal ou verbal, quel qu'il soit. Le nombre de mots utilisés doit être réduit au minimum et le débit verbal doit être lent pour permettre à l'enfant de faire le lien entre les mots et leur représentation (objet, image avec mot écrit, geste).

On peut également favoriser l'émergence du langage verbal chez l'enfant en utilisant les stratégies suivantes.

Afin de favoriser la production de sons et de mots, on peut encourager l'enfant à imiter des sons (par exemple des cris d'animaux). Cette stratégie amène l'enfant à augmenter par plaisir l'intensité de ses productions sonores. On peut aussi l'encourager à imiter de nouveaux sons et à enrichir du même coup son répertoire.

Il est également possible d'associer certains sons à des activités plaisantes, par exemple « i » quand on glisse ou « oh » quand on fait tomber une balle. Si l'enfant n'utilise que des sons pour communiquer, l'adulte peut associer des mots et des sons. Il peut, par exemple, associer le son « u » au mot « jus ». Si l'enfant utilise ce son pour réclamer à boire, l'adulte doit s'assurer de répondre en nommant correctement le mot « jus » afin que l'enfant finisse par le prononcer en entier. Au début, il est important de nommer l'objet ou l'action dans l'expérience immédiate et concrète de l'enfant afin de favoriser l'intégration du mot avec la réalité qu'il désigne.

Par ailleurs, il est essentiel de porter attention aux tentatives d'expression verbale de l'enfant. Lorsqu'il est possible de leur donner un sens, il vaut mieux y répondre immédiatement, même dans l'incertitude. L'enfant peut ainsi établir des liens entre ce qu'il dit (même pour lui-même) et les réactions de son entourage.

Il n'est pas nécessaire d'exiger de l'enfant qui commence à dire des mots qu'il s'en serve chaque fois qu'il fait une demande.

Au début, il faut surtout encourager la communication verbale et l'associer à une réussite. En effet, l'anxiété engendrée par les situations interactives peut diminuer la capacité de l'enfant à utiliser des mots connus. C'est pourquoi il est préférable de récompenser avec enthousiasme les tentatives spontanées.

L'adulte peut aider l'enfant qui utilise un petit jargon ou des mots difficilement compréhensibles à clarifier son message en lui fournissant une alternative verbale pouvant correspondre à sa demande (interprétation de l'adulte), en lui posant une question simple ou en lui demandant de montrer ce qu'il veut. Si l'enfant connaît le sens du geste « attend », l'adulte peut l'utiliser pour lui signifier qu'il ne comprend pas bien tout en lui apportant du soutien. Certains enfants utilisent un jargon pour mener un semblant de conversation. Ils se placent devant l'interlocuteur et prononcent une série de mots inintelligibles. La répétition du jargon de l'enfant permet souvent de garder son attention par le plaisir. Il s'agit ensuite de ne pas en rester là et de tenter de traduire le jargon de l'enfant en mots afin de favoriser la poursuite de l'échange.

Utiliser les images avec les mots écrits

Il est connu et largement documenté que plusieurs enfants autistes possèdent des capacités exceptionnelles sur le plan de la perception visuelle, de la mémoire visuelle et de l'acquisition spontanée de la lecture. Ces capacités offrent un important levier de communication. Il ne s'agit pas de remplacer le langage verbal, mais de permettre à l'enfant de développer toutes ses capacités de communication.

On peut ainsi, en accompagnement du langage, utiliser des objets réels, des photos, des images ou des pictogrammes avec les mots écrits sous forme d'étiquettes de mots afin de faciliter le développement de la compréhension et de l'expression chez ces enfants. Les images, les photos et les objets sont des repères concrets et permanents pour l'enfant. En utilisant des images pour accompagner les mots, l'adulte aide l'enfant à assimiler ce qui lui est demandé et à mieux saisir l'information qui lui est transmise. Par ailleurs, quand l'enfant utilise lui-même des images, des mots écrits ou des objets, il se fait mieux comprendre et la communication devient dès lors plus agréable.

Pour comprendre un mot, il faut en connaître le signifiant en image.

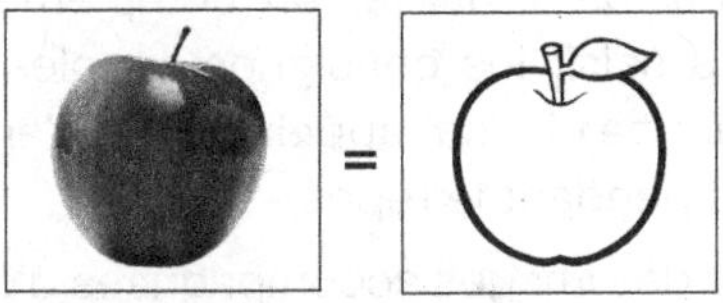

= pomme

Au début de l'émergence du langage verbal, l'enfant autiste présente souvent des difficultés à comprendre le langage et à associer les mots à des images mentales. La communication sociale lui demande déjà un effort considérable. Tout cela se complique quand il lui faut aussi trouver le bon mot pour faire une demande ou la bonne image pour comprendre le mot entendu. Il est souvent plus facile pour l'enfant de se servir lui-même, d'abandonner sa demande ou de s'éloigner sans répondre.

Il est important de choisir et d'utiliser un mode de communication visuel qui est compris par l'enfant[2]. Quel que soit le complément visuel utilisé (objet réel, photo ou images avec mots écrits), l'objectif est de faciliter la communication chez l'enfant. Pour s'assurer que l'enfant comprend les images, on peut lui demander d'apparier des images avec les objets correspondants. On peut faire la même chose avec les étiquettes de mots en lui demandant de les associer aux images et en vérifiant graduellement si l'enfant décode et comprend bien les mots écrits.

Voici quelques façons d'utiliser les compléments visuels pour améliorer la communication de l'enfant.

- Pour faciliter la compréhension de l'enfant, l'adulte peut accompagner le langage verbal d'une photo (ou autre) avec le mot écrit quand il fait une demande à l'enfant. On peut par exemple photographier l'enfant dans son bain et lui montrer cette photo ou encore la serviette de bain quand l'heure du bain arrive. On peut utiliser la même stratégie pour annoncer les différentes activités quotidiennes et, ainsi, faciliter les transitions.
- Il est également possible d'utiliser un complément visuel pour aider l'enfant à saisir les consignes simples. L'image d'un enfant assis sur une chaise rappelle ainsi à l'enfant qu'il doit demeurer assis pendant le repas.
- L'adulte peut afficher des images accompagnées d'étiquettes de mots pour encourager l'enfant à formuler des demandes. Il peut, par exemple, afficher l'image d'un verre de lait sur le frigo. L'enfant pourra la pointer ou aller la chercher pour la remettre à l'adulte s'il veut boire du lait. On peut également afficher une photo de l'enfant aux toilettes sur la porte de la salle de bain afin qu'il l'utilise quand il veut demander à y aller.
- Pour inciter l'enfant à adresser des demandes et à faire des choix, l'adulte peut aussi constituer un petit tableau d'images avec des mots écrits (bandes velcro ou aimants) que l'enfant pourra sélectionner en fonction de ce qu'il souhaite. Les plus populaires et les plus faciles à utiliser sont les tableaux pour choisir la collation ou les jeux. L'important est d'augmenter graduellement le nombre d'images.

Développer les habiletés sociocommunicatives de base

Entrer en contact

Pour communiquer et interagir, il faut entrer en contact avec l'autre. Le contact visuel est l'une des modalités perceptives impliquées dans la prise de contact entre deux personnes.

Dans la section portant sur la cognition sociale, nous avons rapporté les résultats d'études démontrant le manque d'intérêt précoce des enfants autistes envers l'environnement social et leur orientation générale vers les aspects perceptifs de leur environnement (les formes, les couleurs, les mouvements et les sons des objets). Nous avons également vu que les personnes autistes regardent surtout la bouche et la périphérie du visage et sont moins portées à regarder leur interlocuteur dans les yeux.

Le développement du contact visuel est un sujet fréquemment abordé dans le milieu de l'autisme. Dans le cadre de leur expérience clinique, les auteures ont réalisé les bénéfices qu'ont tirés plusieurs enfants autistes d'avoir apprivoisé précocement la prise de contact avec l'autre à l'aide du contact visuel. Nous avons cherché à inciter l'enfant autiste à utiliser le contact visuel comme un canal perceptif ou une modalité perceptive afin d'améliorer la qualité de ses interactions avec l'autre. Nous l'avons aidé à établir un contact visuel de façon dosée et graduelle en réduisant l'ensemble des autres stimuli pour qu'il n'ait pas trop d'informations à traiter (par exemple, au début, brièveté du contact visuel de la part de l'enfant et de la part de l'adulte, ton de voix modéré et mimique nuancée, communication verbale ou non verbale immédiate et précise). Nous parlons ici du contact visuel comme d'un facilitateur du déclic ou de la prise de contact entre l'enfant autiste et l'autre. En effet, entrer en contact est une prémisse essentielle pour percevoir le message de l'autre, le traiter et y répondre, et contribue ainsi à diminuer les frustrations et les malentendus entre l'enfant autiste et son entourage. Le développement de cette capacité permet à l'enfant autiste d'améliorer la qualité de ses contacts avec autrui et de mieux comprendre le langage non verbal de son interlocuteur (comportements, mimiques).

Il s'agit donc de chercher à habituer progressivement l'enfant autiste au contact visuel comme facilitateur de la prise de contact. La surcharge d'information est parfois telle que l'enfant ne peut soutenir le contact visuel, surtout lorsque toute son attention est absorbée par une activité qui fait appel à une autre modalité perceptive (auditive, tactile, gustative) qu'il privilégie en fonction de ses capacités et de ses intérêts. Cela peut se traduire, par exemple, par des difficultés à combiner le regard et l'écoute. De plus, la perception de l'enfant peut rapidement être surchargée d'information lorsqu'il doit décoder les expressions du visage de son interlocuteur. En effet, ces expressions sont complexes et c'est un défi en soi que de les interpréter.

Afin de respecter les particularités de l'enfant, nous favorisons les mots « inciter », « suggérer » ou « proposer » dans les descriptions de stratégies. L'habileté qui consiste à « regarder son interlocuteur » doit être travaillée dans une perspective de plaisir. Nous ne recommandons en aucun cas d'exiger un contact visuel prolongé ni de maintenir la tête de l'enfant pour le forcer à regarder son interlocuteur. Un contact visuel d'une fraction de seconde est suffisant.

Pour stimuler le contact visuel, l'adulte peut commencer par privilégier des moments de plaisir et de détente en utilisant les activités qui sont des sources d'intérêt et de plaisir pour l'enfant (avec ses jouets ou ses activités sensorielles ou motrices préférés). Il peut favoriser les petites activités interactives comme les jeux de coucou, de poursuite, de ballon ou d'imitation. Il peut ensuite attendre un peu avant de recommencer l'activité, le temps que l'enfant lui manifeste par un bref regard son désir de poursuivre l'activité.

L'adulte peut susciter un bref contact visuel en donnant à l'enfant un objet convoité ou en répétant une stimulation souhaitée afin que celui-ci fasse un lien entre le contact visuel avec autrui et le plaisir. Il faut cependant éviter de forcer ce contact en insistant ou en adoptant une forme quelconque de chantage.

Pour capter le regard de l'enfant, l'adulte peut placer près de ses yeux les objets convoités par l'enfant et attendre un peu avant de répondre à sa demande. S'il n'obtient pas de réponse à sa demande, l'enfant devrait lever la tête pour comprendre ce qui se passe. Il peut parfois être nécessaire de faire un rappel (« Simon, regarde-moi »).

L'adulte peut favoriser des activités qui travaillent l'attention conjointe, c'est-à-dire qui incitent l'enfant à déterminer la direction du regard de son interlocuteur pour comprendre son intention. On peut, par exemple, faire des jeux de blocs ou de quilles et lui demander : « Devine quels blocs tu dois prendre ? » en désignant avec les yeux un objet parmi les autres placés devant lui. On peut également organiser des jeux d'échange de ballon où l'adulte et l'enfant indiquent par le regard la personne à qui ils envoient le ballon (« j'envoie le ballon à... »).

Lorsque l'enfant éprouve trop de difficulté à établir un contact visuel, l'adulte peut le solliciter verbalement et physiquement en se mettant à sa hauteur, en le plaçant devant lui et, si nécessaire, en prenant les mains de l'enfant dans les siennes ou en apposant la main de l'enfant sur sa joue. Il est important de ne pas forcer l'enfant à soutenir son regard. Il s'agit plutôt de lui permettre de comprendre à qui il s'adresse.

L'adulte peut expliquer à l'enfant verbal l'importance de regarder et ce qu'il faut observer (l'autre est-il attentif ? A-t-il les sourcils froncés ou le sourire ?). Dans tous les cas, il est préférable de ne pas insister pour qu'il soutienne le regard de l'autre et de lui poser des questions pour guider ses observations : « À qui demandes-tu ? As-tu vu s'il était prêt ? Est-il content ? »

Adresser un message à son interlocuteur

Les enfants autistes font fréquemment des demandes sans les adresser à un interlocuteur ou sans s'assurer que celui-ci les voit, qu'il est attentif ou qu'il saisit leur message. Il arrive souvent qu'ils demandent quelque chose à l'autre sans établir de contact visuel, sans l'interpeller et sans prendre en considération le fait que l'autre est déjà engagé dans une conversation ou qu'il ne le regarde pas.

Lorsque l'enfant fait une demande non dirigée, c'est-à-dire sans s'adresser à quelqu'un, l'adulte peut :

- s'approcher de lui et patienter quelques secondes pour lui permettre d'initier ou de répéter son message. Dès qu'il fait un geste (tenter de prendre l'objet ou la main de l'adulte, etc.), répondre à sa demande en s'interposant entre lui et l'objet désiré pour profiter de cet élan de communication ;
- prendre rapidement la main de l'enfant pour l'approcher de son visage afin de l'aider à diriger sa communication, surtout s'il cherche à prendre la main de l'adulte et à l'utiliser comme un instrument. Mettre sa main près de ses yeux pour encourager l'enfant à le regarder ;
- placer ses objets favoris à distance et bien en vue afin qu'il ait besoin de l'adulte pour les obtenir (les demandes de l'enfant se font souvent par des requêtes) ;
- inciter l'enfant verbal à interpeller la personne à qui il s'adresse (« Maman, je veux du lait ! »).

Décoder la disponibilité de son interlocuteur

Lorsqu'on fait une demande à quelqu'un, on s'assure de sa disponibilité et de son attention. On se demande par exemple si cette personne est en train de parler avec quelqu'un d'autre, si elle est occupée à une tâche et si elle est prête à nous écouter. Nous tenons parfois compte de son humeur. Nous nous attendons naturellement à ce que l'autre nous regarde ou se tourne dans notre direction quand nous nous adressons à lui.

Nous avons appris comment aider l'enfant autiste à diriger sa communication en anticipant ses mouvements d'intérêt et en intervenant aussitôt afin de l'accompagner dans sa demande et de l'encourager dans l'utilisation de nouveaux schèmes et repères. Dans ce scénario, l'enfant n'a pas à vérifier l'attention et la disponibilité de l'adulte. Il est important de préciser que la disponibilité inconditionnelle d'un interlocuteur et la réponse positive à toute demande sont illusoires. L'enfant doit apprendre à décoder la non-disponibilité de son interlocuteur (par exemple, maman parle avec une autre personne, elle ne le regarde pas, elle est dans une autre pièce, etc.). Ces codes non verbaux doivent être enseignés à l'enfant, car le décodage social n'est pas inné chez lui.

Pour enseigner à l'enfant les codes de la communication, l'adulte peut :

› utiliser des jeux en face à face (jeu de loto, encastrement de formes) et créer un jeu interactif dans lequel l'enfant doit faire une demande (obtenir une carte, un morceau du jeu, etc.) ;
› exagérer sa non-disponibilité en regardant le plafond, en se tournant de côté sur sa chaise, en sifflotant, etc. ;
› attendre que l'enfant l'ait clairement interpellé ou lui ait tapoté la main. Il peut lui dire, par exemple : « Oh ! Pardon, j'étais occupé ». Faire preuve d'imagination et d'humour. Les enfants apprécient généralement cet exercice quand il est fait avec humour.

Il peut être nécessaire d'utiliser des images pour décortiquer en séquences les comportements attendus, surtout avec les très jeunes enfants (3-4 ans) :

1) Vérifier si maman ou papa me regarde ;

2) Dans le cas contraire, l'appeler ou lui tapoter la main ;

3) Établir le contact visuel ;

4) Adresser ma demande.

Il arrive souvent que les enfants aient de la difficulté à faire cet exercice ; il est important de faire preuve de patience. L'adulte peut également faire « équipe » avec un autre adulte qui dirige l'enfant dans la séquence imagée ou le guide verbalement en l'aidant à décoder ce qui se passe (« Regarde, c'est drôle, maman ne te regarde pas. Oh ! Oh ! Qu'est-ce qui se passe ? Appelle-la ! »).

Recevoir un message de son interlocuteur

Comme nous l'avons mentionné dans la section sur l'utilité de la communication fonctionnelle, il est important d'encourager les contacts, de vérifier la disponibilité de l'enfant et d'utiliser des moyens de communication adaptés à son profil langagier. Une fois le message adressé, il est important de le faire répéter à l'enfant afin de s'assurer qu'il l'a bien reçu et compris. Par ailleurs, l'adulte ne doit pas se contenter d'une réponse automatique («oui, oui») qui pourrait masquer une non-réception ou une mauvaise compréhension du message et ainsi provoquer des malentendus et des frustrations de part et d'autre.

La communication chez l'enfant ayant un début d'acquisition du langage

Au départ, le langage est très fragile. L'enfant commence tout juste à faire les liens entre les mots et les objets ou les actions. Sa compréhension est encore fortement liée au contexte, au matériel concret et aux personnes auxquelles il s'adresse. À ce stade, il est souvent souhaitable de travailler avec un orthophoniste. Ce professionnel peut en effet suggérer des interventions précises pour travailler les difficultés et les troubles spécifiques du langage.

Certains enfants autistes s'expriment avec des mots isolés et quelques combinaisons de mots sur une plus longue période de temps. D'autres passent rapidement des mots aux phrases. C'est à ce stade que plusieurs communiquent en répétant les propos entendus (écholalie immédiate ou différée). Il est important de continuer d'utiliser les moyens de communication non verbaux afin de permettre à l'enfant de consolider ses acquis langagiers et de s'assurer de sa compréhension. Il est encore pertinent d'accompagner les propos adressés à l'enfant de gestes, d'objets et d'images afin de favoriser sa compréhension. Il est important de continuer de répondre aux sollicitations de l'enfant, qu'elles soient non verbales ou verbales. En insistant trop sur l'utilisation du langage verbal, l'adulte peut décourager l'enfant de communiquer.

Augmenter la qualité et la quantité des verbalisations et du vocabulaire

Si l'enfant répète les mots de l'adulte et semble vouloir s'exprimer davantage verbalement, voici quelques stratégies pour améliorer sa communication langagière.

› Développer le vocabulaire de l'enfant en nommant les objets concrets du quotidien ou les objets illustrés dans un livre d'images.

› Permettre l'acquisition du sens de l'expérience en nommant l'expérience immédiate de l'enfant (action exécutée, objet perçu, émotion manifestée) et en lui demandant de la nommer aussi. Utiliser un langage simple et concret. Décrire, par exemple, un parcours à obstacles qu'il vient d'exécuter ou les actions du parent dans une tâche quotidienne (« Je coupe les carottes »).

› Commenter les objets ou les situations vécues (« La robe est belle », « J'aime le gâteau », « Ça me fait plaisir »). Donner des qualificatifs aux objets (« Le gros camion rouge »).

› Profiter des associations d'idées que fait l'enfant pour lui montrer qu'il a bien été entendu et les utiliser pour élaborer et maintenir l'échange verbal. Si, par exemple, l'enfant parle d'un dessin animé de poisson en mangeant des craquelins en forme de poisson, l'adulte peut discuter de ce sujet et manifester de l'intérêt pour que l'enfant continue à donner de l'information.

Lorsqu'il y a présence d'écholalie

L'écholalie est généralement observée au moment de l'apparition du langage. L'écholalie, c'est-à-dire l'imitation verbale du langage et des vocalises, fait partie intégrante du développement normal de l'enfant et apparaît généralement aux alentours de 18 mois. Cette écholalie, que l'on appelle écholalie d'apprentissage, sert de modèle pour l'enfant qui acquiert le langage. L'écholalie immédiate ou différée perdure cependant chez l'enfant autiste. Certains répètent les énoncés entendus ou appris de façon mécanique sans relier ce discours à un contexte d'échange. D'autres ont tendance à répéter les questions de l'adulte. D'autres encore utilisent, hors contexte, des extraits de films ou des phrases qui ont capté leur attention. L'enfant peut aussi inventer un langage qui lui est propre, un jargon solitaire qui a peu d'utilité et peu de sens pour son entourage. Ce comportement, qui, à priori, semble non fonctionnel, peut offrir une ouverture à l'interlocuteur si celui-ci parvient à y donner un sens.

L'adulte peut profiter des phrases parfois trop répétitives et sans signification de l'enfant pour amorcer un échange ou tenter d'interpréter ce qu'il essaie de dire. Les questions redondantes peuvent aussi être reprises pour pratiquer le tour de parole. Avec l'aide de l'adulte, l'enfant pourra ainsi mieux comprendre la signification de la communication.

Lorsque l'écholalie entrave la communication fonctionnelle

Nous avons rencontré des enfants chez qui l'écholalie est presque omniprésente. Les écholalies ne sont pas toujours adressées à un interlocuteur : elles sont parfois exprimées en solitaire ou évoquées hors contexte. Elles peuvent devenir envahissantes et nuire à la communication fonctionnelle. Ces écholalies ont possiblement un sens ou une fonction pour l'enfant. Les capacités de compréhension de l'enfant atteint d'écholalie peuvent être très faibles et il peut répéter des phrases sans trop savoir ce qu'il dit.

Certaines stratégies ont prouvé leur efficacité pour diminuer l'écholalie non fonctionnelle et la remplacer par des verbalisations plus adaptées.

Lorsque l'enfant répète des mots, des phrases et qu'il est possible d'établir un lien avec le contexte immédiat, l'adulte peut se servir de ce qui est dit pour décrire la situation réelle et tenter d'engager un échange réciproque. L'adulte peut encourager l'enfant en visite à l'aquarium qui répète des phrases tirées du film *Némo* à parler des poissons qu'il peut réellement observer et faire des liens avec le film (« C'est comme dans *Némo* »).

Lorsque la verbalisation est hors contexte, il est plus efficace de ne pas tenir compte de l'écholalie (ignorer les verbalisations) pour éviter de l'aggraver. On peut toutefois tenter d'inculquer à l'enfant une verbalisation plus appropriée en lien avec le contexte réel. Si, par exemple, l'enfant répète une consigne apprise (« On s'assoit pour manger ») alors qu'il se balance au parc, le parent peut simplement nommer l'expérience immédiate (« Éric est assis et se balance ») sans intervenir sur la verbalisation répétée.

L'adulte peut aussi tenter de créer un lien entre la verbalisation hors contexte et la réalité. Si, par exemple, l'enfant répète « mes souliers rouges » en regardant le parent cuisiner, celui-ci peut aller chercher ses souliers rouges et poursuivre l'échange au sujet des souliers rouges. Le papa de l'enfant qui répète « Guillaume saute avec papa » alors qu'il sautille seul peut aller sauter avec lui et répéter la verbalisation, qui devient alors appropriée. Il est parfois surprenant de constater la réaction de l'enfant lorsque ce qu'il dit prend enfin un sens et est compris.

Certaines verbalisations répétitives semblent très anxiogènes et peuvent refléter une situation vécue difficilement. Par exemple, l'enfant peut répéter « Je ne pousse pas les amis », une situation qui se produit fréquemment au service de garde, alors qu'il est à la maison et que son comportement est adéquat. L'adulte peut confirmer simplement la verbalisation (« C'est vrai, on ne pousse pas les amis ») et ensuite décrire le comportement du moment de l'enfant (« Maintenant, tu joues avec tes blocs, bravo »). Il doit ainsi tenter d'éteindre la verbalisation en l'encourageant dans ce qu'il fait sur le moment. Il est parfois nécessaire de détourner son attention vers une activité apaisante et appréciée par l'enfant.

Faire une demande (objet, répétition d'action, aide)

Au tout début du développement, la communication sert essentiellement à exprimer des besoins primaires et des intérêts. Les enfants utilisent d'abord des mots clés pour obtenir des objets convoités qui sont hors de leur portée ou pour obtenir de l'aide. Ils utilisent ensuite le langage pour exprimer des refus.

À ce stade, l'enfant a besoin que l'adulte lui suggère des mots clés et des phrases courtes. Il ne s'agit pas d'exiger le mot juste ou une formulation exacte, mais plutôt de respecter et de répondre à toute tentative de communication. Il est aussi important de simplifier l'information.

› Développer des formules simples pour demander des jouets ou de la nourriture (« je veux », « donne-moi »). Ne pas insister sur les formules de politesse (s'il vous plaît et merci), car l'enfant pourrait n'utiliser que celles-ci sans préciser ses demandes.
› Lorsque l'enfant exprime ce qu'il veut par quelques mots, répéter sa demande en utilisant la formulation souhaitée, sans exiger qu'il la répète.
› Profiter des demandes d'aide adressées par l'enfant pour aller près de lui, lui tendre les mains pour l'inciter à adresser une demande ou lui donner la formulation « aide-moi » en s'aidant d'un geste ou d'une image.

Pour inciter l'enfant à bien adresser et recevoir un message dans les échanges exigeant des tours de rôle, l'adulte peut organiser des mises en situation stimulantes pour l'enfant.

› Si l'enfant s'intéresse aux petites voitures, en placer plusieurs de différentes couleurs (connues par l'enfant) à une certaine distance de lui. Inciter l'enfant à bien adresser sa demande : bref contact visuel, utilisation du nom de la personne à qui il s'adresse et formulation de la phrase : « Maman, je veux la voiture rouge ». Lui fournir aussitôt la voiture rouge. Inverser ensuite les rôles pour obliger l'enfant à porter à son tour attention au message de l'adulte. Souligner chaque réussite afin que l'enfant éprouve de la satisfaction dans ce type de jeu.

- Utiliser un jeu de loto d'images qui sont connues de l'enfant et qui l'intéressent (animaux, moyens de transport, etc.) pour jouer à deux (au début de l'activité, un seul adulte joue avec l'enfant). L'un des partenaires a la carte principale des images (l'enfant) et l'autre, les cartes de chaque image. Le matériel est visible par tous les joueurs. L'un des partenaires doit demander à l'autre les images dont il a besoin pour compléter la carte principale. Aider l'enfant à adresser sa demande selon les modalités décrites plus haut. Inverser ensuite les rôles pour que l'enfant porte attention au message et réponde bien à la demande de l'autre joueur. Au début de cet apprentissage, l'enfant autiste a souvent tendance à donner n'importe quelle carte sans attendre d'avoir reçu le message au complet de l'autre joueur.

Exprimer un refus

Bien que le geste de refuser de la main puisse être encore utilisé, il est important d'aider l'enfant ayant un début d'acquisition du langage à verbaliser ce qu'il ressent et ce qu'il ne veut pas, car il a souvent tendance à se fâcher ou à abandonner.

Ainsi, pour éviter les bris de communication, l'adulte peut utiliser les situations du quotidien et lui donner le modèle verbal attendu ou lui faire un rappel du geste pour lui faire penser qu'il peut utiliser des expressions comme : « Non, je ne veux pas », « Je veux finir », « Je n'aime pas ça », « Arrête », « Non ». L'adulte qui connaît bien l'enfant peut choisir la formulation qui lui semble la plus facile à mettre en place.

Rappelons que lorsque l'enfant autiste vit une situation difficile, son niveau d'anxiété augmente rapidement, l'émotion est intense et il est difficile pour lui de se calmer de lui-même et de trouver les mots pour s'exprimer. L'enfant autiste est généralement plus anxieux que l'enfant typique et a plus de difficulté à autoréguler ses émotions. Il a besoin qu'on lui propose rapidement des modèles verbaux qu'il peut utiliser pour exprimer ce qu'il ressent et, ainsi, diminuer son état d'anxiété et de détresse. Il est aussi important de commencer à songer à des stratégies verbales pour permettre à l'enfant d'exprimer ce qu'il veut en plus de son désaccord (« Je veux changer de jeu »).

Pour exercer l'enfant à exprimer un refus de façon adéquate, l'adulte peut provoquer des situations cocasses. Il peut, par exemple, ne pas donner le bon objet à l'enfant (donner son propre soulier plutôt que celui de l'enfant). L'important est de dédramatiser et de permettre à l'enfant de développer sa capacité à refuser et à se faire comprendre.

Les habiletés de communication chez l'enfant verbal

Il est important de ne pas supposer que l'enfant autiste verbal a développé une communication fonctionnelle et réciproque parce qu'il utilise des phrases complètes et un vocabulaire recherché. Le lecteur peut consulter les pages précédentes de ce livre, et notamment le chapitre sur la communication, pour vérifier si l'enfant a développé les capacités sociocommunicatives de base.

Améliorer les capacités de représentation et d'évocation (préalable au récit)

Certains enfants éprouvent des difficultés à évoquer et à organiser leur discours pour raconter des événements qu'ils ont vécus. Ils n'arrivent pas, d'une part, à évoquer et à bien rapporter la globalité d'une situation selon des séquences temporelles logiques et, d'autre part, à prendre en compte la compréhension du récepteur pour déterminer les précisions à apporter.

- Accompagner l'enfant dans son acquisition du sens de l'expérience en nommant son expérience immédiate (l'action exécutée, l'objet perçu, l'émotion manifestée) et en lui demandant de la nommer aussi. Utiliser un langage simple et concret (par exemple, « Je mange une banane », « Je monte les marches », « Je suis content »).
- Évoquer des actions passées récentes (« Qu'as-tu mangé pour déjeuner ? »). Il est possible d'utiliser des objets, des photographies, des pictogrammes ou des dessins schématiques représentant la situation vécue par l'enfant (par exemple, avoir avec soi le bricolage réalisé par l'enfant pour en parler) pour soutenir les évocations.
- Faire pratiquer à l'enfant un parcours moteur à trois actions avec des appuis visuels (sauter sur des ronds de couleurs, grimper sur la chaise, lancer le ballon). Nommer chaque action avec lui au moment de l'exécution (« Je saute, je grimpe, je lance à papa »). Faire le parcours au moins deux à trois fois de suite pour que l'enfant intègre bien les actions et les nomme correctement. En gardant le matériel du parcours à sa vue, demander à l'enfant de raconter ce qu'il vient de faire et commencer la phrase pour lui (« J'ai sauté... »). Retirer le matériel de sa vue et demander à l'enfant de raconter à un autre adulte ce qu'il vient de faire. Il est possible de graduer les actions et d'ajouter des éléments imaginaires (« Je suis un singe, je grimpe dans l'arbre, je saute sur la branche, je lance une noix de coco à papa singe »). Ainsi, par le jeu, l'enfant s'exerce à raconter.
- Faire revenir l'enfant sur des situations, d'abord positives, et l'aider à les raconter en lui donnant des indices. Avec le soutien du parent accompagnateur qui a observé et participé à la situation, l'enfant peut, par exemple, raconter son expérience au parent absent. Le tout doit se faire avec des mots simples, en privilégiant le « je ».

Un outil de communication plus spécifique, comme le schéma ci-contre (outil « en forme de soleil ou d'étoile »), peut également être utilisé sous forme de jeu pour amener l'enfant à rapporter plus spontanément certains aspects de son récit, facilitant du même coup la compréhension de son interlocuteur. Le centre représente le thème et chacun des rayons, une information spécifique.

L'adulte peut aider l'enfant à structurer son évocation pour qu'il se représente le déroulement des séquences et en fasse le récit de façon cohérente. L'enfant apprendra ainsi à raconter des événements plus complexes en tenant compte des étapes : début, milieu et fin. Les expériences peuvent être racontées par écrit ou dessinées dans un journal de bord.

Figure 3.1 | Outil de communication

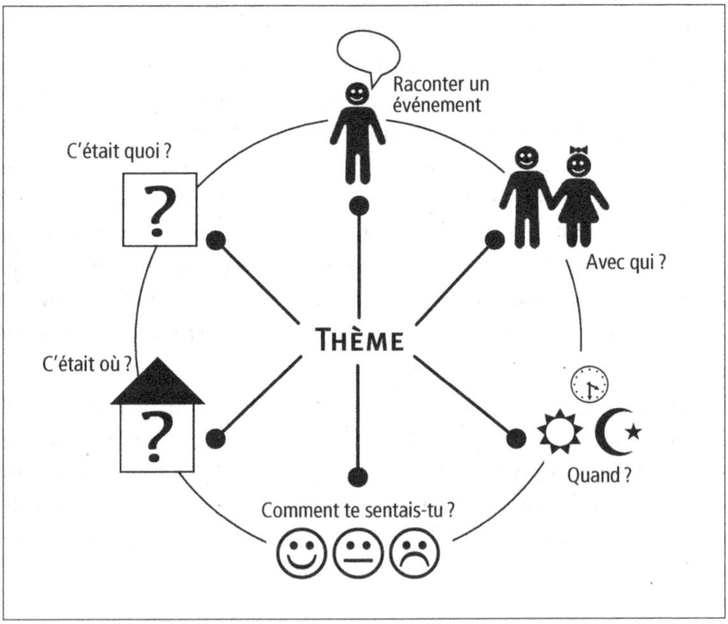

Ultimement, l'enfant apprendra à mieux tenir compte de son interlocuteur et des connaissances qu'il a d'une situation donnée (tenir compte de la compréhension de l'autre). Il arrivera à organiser son discours de manière cohérente et à donner suffisamment d'information à son interlocuteur sans tomber dans un long monologue.

Améliorer les habiletés de conversation

Certains enfants autistes n'arrivent pas à soutenir un échange conversationnel réciproque en posant des questions, en émettant des commentaires, en apportant des informations et en répondant à des questions. La conversation ressemble plutôt à un échange de style question-réponse et le tour de parole est inexistant. Les difficultés à s'insérer dans une conversation découlent également de l'attitude non verbale de l'enfant, qui n'est pas toujours adaptée au contexte (absence de contact visuel, posture corporelle inadéquate, expression des émotions non dirigée vers l'interlocuteur, etc.). En outre, l'enfant autiste s'intéresse généralement peu aux intérêts des autres et préfère se diriger vers des thèmes répétitifs qui font partie intégrante de ses intérêts restreints.

- Dans un premier temps, réagir aux amorces de l'enfant en profitant de ses commentaires (« J'aime le cinéma ») pour engager une conversation.
- Éviter de ne poser que des questions fermées dont la réponse se résume à oui ou non (« As-tu vu le film avec les singes ? »).
- Éviter également de ne poser que des questions de vérification de connaissances (« De quelle couleur est la carotte ? »), car celles-ci rendent difficile la poursuite d'un échange conversationnel.
- Laisser des moments de silence pour permettre à l'enfant de participer activement à l'échange. Le principe du tour de rôle (à toi, à moi) est primordial dans une conversation.

- Faire des amorces pour inviter l'enfant à poser des questions. Montrer, par exemple, des photos de jeunesse ou des souvenirs de voyage.
- Préparer de courts scénarios avec des pictogrammes ou des images pour orienter la conversation. Les tours de parole peuvent être inscrits afin de placer l'enfant dans une situation active : maman pose une question, l'enfant donne la réponse, l'enfant pose une question et maman donne la réponse. On peut ensuite ajouter des commentaires ou des demandes d'information en illustrant le tout avec des pictogrammes. Il est important de représenter également l'attitude non verbale montrant la disponibilité et l'intérêt pour la discussion.
- En service de garde préscolaire ou à l'école, prévoir un bref moment au début de la journée pour se dire bonjour et faire une petite causerie en groupe afin de travailler les habiletés de conversation. Il est préférable de s'en tenir à une seule question simple et stimulante. Il peut être nécessaire d'aider l'enfant autiste à préparer son évocation à l'aide de repères concrets.
- Planifier des moments circonscrits dans la journée au cours desquels l'enfant peut parler de ses intérêts spécifiques. Profiter de ces moments pour le questionner afin d'élargir son thème privilégié.

Aide-mémoire

En conclusion, l'intervention doit être adaptée au profil langagier de l'enfant et tenir compte des défis propres à l'enfant autiste. Le développement d'une communication spontanée, fonctionnelle et réciproque chez le jeune enfant autiste demeure un enjeu majeur qui est souvent utilisé comme un indice du pronostic de l'évolution de l'enfant. Cela dit, le travail sur le plan de la communication peut et doit être fait de manière ludique et intégré aux activités quotidiennes.

Notes

1. Centre Sénécal (1991). *Les mains animées.* Centre Sénécal.
2. Le Gouill, A.M. (2009). *Les pictogrammes, parce qu'une image vaut mille mots.* Cookshire-Eaton : Les Éditions Milmo. www.lespictogrammes.com

Boîte à outils chapitre 4

Observer... les interactions sociales

✎ De quelle façon l'enfant entre-t-il en interaction ?

✎ Comment réagit-il à vos initiatives et à celles des autres enfants ?

	Oui	Non
Répond-il à son nom ?		
Salue-t-il son interlocuteur ?		
Partage-t-il son enthousiasme, son plaisir ?		
Partage-t-il ses découvertes et ses réussites ?		
Est-il capable d'attention conjointe ?		
Initie-t-il des demandes en vue de répéter une activité qu'il a aimée ?		
Est-il capable de décrire une situation du quotidien ?		
Initie-t-il des échanges avec les autres ?		
Apporte-t-il des idées de jeux avec ses pairs ?		
Accepte-t-il les idées des autres ?		
Décode-t-il les intentions des autres ?		
Décode-t-il les émotions des autres ?		
Est-il capable de résoudre des conflits sociaux ?		

✎ Autres particularités sur le plan des interactions sociales :

Chapitre 4

Le domaine des INTERACTIONS SOCIALES

Comprendre les interactions sociales

Nous rappelons ici certains éléments abordés dans la section sur la cognition sociale. Le désintérêt pour les personnes de l'entourage est souvent un signe précoce de l'autisme. Des études ont montré que l'attention des futurs bébés autistes était beaucoup plus orientée vers les formes, les couleurs, les mouvements et les sons des objets que vers les personnes et les aspects sociaux de leur entourage comme les mimiques, les regards et les sourires. Au cours de leur développement, les personnes autistes présentent souvent des difficultés à traiter les informations sociales et ont besoin d'aide pour comprendre leur environnement social et interagir au sein de ce dernier.

En général, les enfants autistes utilisent peu les moyens de communication dont ils disposent dans un but social. La communication sert avant tout à répondre à leurs besoins, à leurs désirs et à leurs intérêts, et les échanges sont rarement réciproques. Ainsi, les enfants autistes initient rarement des contacts dans un but interactif avec les pairs et les adultes et préfèrent généralement s'amuser seuls. Ils n'invitent pas souvent les autres à se joindre à leurs jeux et ne cherchent pas à attirer leur attention sur une situation qu'ils pourraient partager (montrer un avion dans le ciel, désigner leur père qui rentre du travail, etc.). Ils montrent rarement leurs jeux, leurs réussites ou leurs réalisations. Ils sont plutôt centrés sur leurs intérêts et leurs plaisirs et sont peu portés à partager, leur élan vers l'autre étant limité. Ils sont également peu enclins à faire des jeux à tour de rôle et peuvent même se montrer réticents à partager un jeu.

Les enfants autistes apprécient les interactions lorsque celles-ci sont pour eux une source de plaisir et d'intérêt. L'adulte peut ainsi utiliser des situations du quotidien qui lui permettent de répondre aux besoins de l'enfant et d'enrichir ses centres d'intérêt pour l'aider à apprivoiser l'échange avec l'autre. Il est important d'amener l'enfant à souhaiter la présence des autres afin d'encourager les interactions dans des contextes intéressants pour lui.

Les enfants autistes qui développent un certain intérêt pour les interactions peuvent rencontrer des difficultés. Comme nous l'avons mentionné dans la section sur la cognition sociale, plusieurs de ces enfants montrent des difficultés à décoder de façon juste l'ensemble d'une situation interactive et à faire les inférences nécessaires pour comprendre les émotions et les intentions des personnes impliquées dans la situation. Ils tiennent généralement compte d'éléments isolés au détriment de l'ensemble de la situation et ajustent mal leur réponse ou leur comportement.

La socialisation des enfants autistes se caractérise par des difficultés à initier des contacts, à répondre aux approches des autres enfants, à jouer avec d'autres enfants de façon coopérative en considérant les règles du jeu, à interagir avec les adultes significatifs et à reconnaître les figures d'autorité. Les enfants autistes peuvent être perçus comme des enfants malhabiles et être victimes de rejet parce qu'ils ne savent pas comment réagir à certains indices sociaux. Or, certains d'entre eux expriment le désir d'avoir des amis. Ils peuvent par ailleurs avoir de la difficulté à développer les habiletés adéquates pour faire des requêtes et des demandes d'aide, entrer en contact, protester, attendre son tour, partager un jeu avec ses pairs, réagir aux conflits et aux situations d'échec, etc.

Les enfants autistes présentent des particularités dans le traitement des informations sensorielles, que ce soit pour enregistrer, moduler ou intégrer ces informations. Il en découle, entre autres, des difficultés de conscience corporelle, de conscience de soi, d'autorégulation et de conscience de son environnement. Il est important de considérer ces difficultés au moment de planifier des interventions sur le plan des interactions sociales et de se fixer comme objectif d'améliorer le contact de l'enfant avec lui-même et avec son environnement.

L'enfant autiste a souvent du mal à faire la distinction entre ses intentions, ses désirs et ceux des autres (il suffit de penser au concept de la théorie de l'esprit). Il présente dès lors des difficultés à comprendre et à reconnaître les émotions des autres et a peu de capacités d'introspection et d'empathie.

L'interaction avec l'environnement social est donc souvent un défi pour l'enfant autiste. Nous vous présentons ci-après quelques moyens d'intervention tirés de notre expérience clinique pour aider l'enfant et son entourage à relever ce défi.

Planifier et intervenir sur le plan des interactions sociales

Apprivoiser les interactions

L'adulte doit chercher à créer des situations intéressantes pour l'enfant afin que ce dernier apprivoise l'interaction dans un contexte de plaisir. Il peut choisir des objets qui intéressent l'enfant ou encourager les activités physiques qui suscitent des réactions de plaisir, par exemple les jeux de coucou ou de chatouilles. La plupart des enfants aiment les jouets à effet action-réaction, les petites autos, certains personnages de la télévision ainsi que les jeux moteurs ou sensoriels. L'adulte peut observer ce qu'ils aiment le plus et chercher à s'introduire dans ces occupations en les enrichissant et en les développant avec une attitude ludique et attentive. Voici quelques idées pour développer la capacité d'initier une interaction et de jouer.

Lorsque l'enfant joue seul, l'adulte peut s'approcher et jouer à côté de lui pour tenter de solliciter son attention. Il peut imiter les actions de l'enfant ou manipuler un jouet différent pouvant capter son intérêt.

L'adulte peut ensuite se rendre disponible et se joindre à lui en proposant un élément d'intérêt nouveau pour son jeu. Il peut amorcer un petit échange sous forme d'imitation réciproque ou de partage de matériel. Si l'enfant devient anxieux ou colérique, il est préférable de se retirer du jeu tout en demeurant disponible et de se réintroduire graduellement.

Pour encourager le partage, l'adulte doit privilégier les jeux qui se déroulent à tour de rôle ou en face à face (faire des bulles chacun son tour, échanger un ballon, construire une tour en empilant des blocs en alternance, etc.). L'enfant découvre ainsi le plaisir de voir l'autre participer au jeu.

Voici quelques conseils pour favoriser les situations agréables et encourager l'interaction avec l'adulte.

› Choisir des jeux physiques (chatouiller, balancer), des routines sociales (« Je vais t'attraper », cache-cache, coucou) ou des jeux avec décomptes (1, 2, 3, go) qui créent de l'anticipation et provoquent le rire chez l'enfant.
› Exagérer les expressions (avec un jeu de diable à ressort, exagérer la surprise) et les exclamations (« oh oh ! » quand l'enfant vous retrouve, « boum ! » quand la tour de blocs tombe) pour provoquer le rire chez l'enfant.
› Les onomatopées, les bruits et les sons ajoutés dans un jeu peuvent aussi susciter des réactions chez l'enfant.
› Répéter les situations de rire spontané qui plaisent à l'enfant (éternuer, trébucher, etc.).

Pour inciter l'enfant à bien adresser et recevoir un message verbal dans les échanges exigeant des tours de rôle, l'adulte peut également organiser des mises en situation stimulantes en faisant participer d'autres enfants.

Au service de garde, on peut par exemple miser sur la routine comme les causeries et les jeux en atelier à la table ou organiser des rassemblements. Ce qui est important, c'est d'inscrire ce moment dans la routine quotidienne de l'enfant afin qu'il l'apprivoise. Il est recommandé d'utiliser des références concrètes : une image à l'horaire (des enfants assis en rond) ; des coussins pour désigner l'espace de chacun et pour que l'enfant sache comment positionner son corps dans l'espace (conduite corporelle d'échange).

Les professionnels utilisent les petits rassemblements pour travailler les habiletés de partage et d'ajustement à l'autre, comme le « chacun son tour », qui sera nommé clairement (« C'est au tour de... ») en incitant l'enfant à nommer les autres enfants et le tour de rôle.

L'utilisation d'un objet d'intérêt encourage la communication et l'interaction chez l'enfant autiste. L'attention et le tour de rôle sont plus faciles à travailler, car l'enfant veut obtenir l'objet et est prêt à accepter les contraintes liées aux consignes sociales. Les intervenants se heurtent souvent à des échecs lorsqu'ils placent l'enfant dans une situation de socialisation dépourvue d'attrait pour lui. L'idéal est d'utiliser les intérêts de l'enfant (objets ou thématiques de prédilection) et de les inscrire dans un jeu interactif original. Et, bien sûr, d'utiliser des jouets ou des activités ayant une composante perceptive attrayante (par exemple, des jouets à effet action-réaction, colorés, sonores ou lumineux, des activités sensorielles et motrices, etc.). L'enfant aura ainsi plus de plaisir à interagir ; il se montrera plus tolérant à la frustration et plus disponible à l'apprentissage. Au départ, toutefois, le plaisir de l'enfant à participer à un jeu interactif est davantage lié au contenu de l'activité elle-même qu'au plaisir de la socialisation. La tendance peut finir par s'inverser et l'enfant manifeste alors un réel plaisir à partager les moments de jeu interactif et de discussion avec ses pairs. Le tour de rôle est considéré comme acquis lorsque l'enfant est capable de réguler l'échange par lui-même sans la supervision de l'adulte.

Initier, maintenir et terminer une interaction

Lorsque l'enfant a expérimenté des situations interactives de plaisir en tant que partenaire de jeu, sa quantité d'initiatives doit faire l'objet d'une certaine attention. L'adulte est souvent le moteur de l'échange, mais il est important d'amener l'enfant à initier le jeu de façon plus spontanée. L'adulte peut momentanément se retirer d'un jeu à deux et attendre que l'enfant manifeste le désir de recommencer ou de poursuivre (par exemple, l'enfant apporte un jouet à actionner, un contenant à ouvrir, un ballon à échanger). L'enfant peut signifier verbalement ou par des gestes (« encore ») son désir de recommencer les jeux qui lui procurent du plaisir.

L'adulte peut encourager l'échange de matériel de jeu (la voiture rouge contre la voiture bleue) ou le bref partage d'un même objet (s'échanger une voiture en la faisant rouler chacun son tour). On peut également jouer à lancer une balle dans un seau d'eau ou jouer du xylophone chacun son tour. On peut demander à l'enfant d'attendre son tour en utilisant une comptine ou un décompte et augmenter graduellement ce délai (attendre, par exemple, que la toupie ait cessé de tourner pour l'actionner de nouveau).

Lorsque le jeu à deux est bien établi, l'adulte peut encourager l'enfant à initier une demande pour introduire une troisième personne (fratrie, autre parent, ami) et privilégier les jeux à la table, chacun son tour (jeux de société avec deux personnes, puis avec trois et quatre personnes). L'enfant doit pouvoir suivre le jeu et savoir à qui est le tour. Le jeu doit surtout être suffisamment simple pour que l'enfant soit attentif au tour de rôle.

Certains enfants viennent spontanément donner ou montrer un jouet à l'adulte, mais s'esquivent rapidement sans préciser leur désir ou leur intention. L'adulte peut alors manifester beaucoup d'intérêt et répondre rapidement à l'initiative de l'enfant pour en faire un jeu à deux et, ainsi, maintenir l'échange. Si, par exemple, l'enfant donne une balle à son parent, ce dernier peut nommer l'objet avec de grandes exclamations, encourager l'enfant et commencer rapidement un échange de balle.

Lorsque l'enfant montre un jeu ou une réussite, l'adulte peut décrire avec enthousiasme ce qu'il voit, féliciter et encourager l'enfant pour qu'il ait envie de recommencer. L'adulte peut aussi faire remarquer à l'enfant son expression faciale.

Si l'enfant n'a pas développé cette habitude, l'un des parents peut l'accompagner pour donner ou montrer un jouet ou une réalisation (bricolage) à l'autre parent.

Les enfants autistes ont souvent tendance à mettre fin aux interactions sans en avertir leurs partenaires de jeu. On peut profiter de ces occasions pour enseigner à l'enfant une manière appropriée de clore l'échange.

Répondre à l'appel de son nom

L'enfant qui répond à son nom reconnaît le mot qui le désigne. Il comprend que l'autre a une intention à son égard et peut s'y ajuster. Les stratégies suivantes permettent à l'enfant de répondre peu à peu à l'appel de son nom.

- Appeler l'enfant par son nom.
- S'approcher de l'enfant s'il ne se retourne pas à la première tentative.
- À la deuxième tentative, toucher l'enfant pour l'inciter à se tourner et à établir un bref contact visuel.
- À la troisième tentative, ajouter une consigne (« regarde », « viens »). Lorsque l'enfant se retourne de plus en plus souvent, cesser d'utiliser des consignes pour l'inciter à réagir à son nom seulement.

S'il y a deux adultes, l'un d'eux peut diriger physiquement l'enfant en le tournant vers celui qui l'appelle pour qu'il réagisse à l'appel de son nom. Un adulte peut aussi faire remarquer à l'enfant que l'autre adulte l'appelle par une indication verbale (« Maman t'appelle ») et par un geste (pointer dans la direction de la maman).

Quand l'enfant se tourne ou regarde, il est important de réagir immédiatement et de façon visible, par exemple en le touchant, en le chatouillant, en lui donnant un objet qui l'intéresse ou en lui montrant cet objet. L'objectif est de rendre l'enfant plus sensible à son entourage et de lui faire comprendre que le fait d'être interpellé signifie que l'autre souhaite communiquer avec lui et lui dire quelque chose d'intéressant. À l'avenir, l'enfant associera le fait d'être interpellé à la réception d'une consigne ou d'une information.

Répondre aux salutations

Certaines conventions sociales peuvent être enseignées pendant la période de développement des initiatives sociales. Il n'est pas nécessaire d'insister sur les formules de politesse chez les enfants non verbaux ou ayant un début d'acquisition du langage, car elles sont généralement mal comprises et répétées mécaniquement. Les salutations sont cependant à favoriser, puisqu'elles permettent d'amorcer des interactions de façon socialement adaptée. Les arrivées et les départs sont des moments privilégiés pour stimuler cette habileté sociale de base. Voici quelques recommandations pour aider l'enfant à apprendre les salutations.

› Se placer en face de l'enfant, à sa hauteur, et l'inciter à établir un bref contact visuel et à répondre à un sourire.
› Stimuler l'imitation du geste communicatif simple et universel en lui associant des mots comme « allo », « salut », « bonjour », « bye bye », « au revoir ».
› Nommer les gens concernés par l'échange afin de personnaliser la communication (« bonjour maman »).

- Donner immédiatement un sens à la formule que l'enfant est en train d'apprendre en répondant ou en quittant la pièce (en fonction de la formule utilisée).

Favoriser le développement de la conscience de soi, du sentiment d'identité et de l'estime de soi

Intervenir sur le plan des interactions sociales, c'est aussi aider l'enfant à prendre conscience de son corps et de l'impact de ses actions sur l'environnement, à reconnaître ses émotions et celles des autres et, partant, à mieux lire les situations sociales et à y réagir adéquatement. En accompagnant verbalement l'expérience de l'enfant, en l'aidant à évoquer et à verbaliser ses expériences, nous nous assurons de l'intégration adéquate de ses différentes expériences sensorimotrices, émotionnelles et relationnelles ainsi que de la justesse de sa compréhension, favorisant du même coup le développement de sa conscience de lui-même, de ses capacités d'autorégulation et de son estime de lui-même.

À partir d'activités sensorimotrices et motrices adaptées aux besoins de l'enfant, l'adulte peut accompagner ce dernier en nommant son expérience corporelle immédiate : l'action, la sensation, la partie du corps, le jouet ou l'instrument utilisé, etc. Comme nous l'avons mentionné dans le chapitre sur la communication, il peut aussi amener l'enfant à nommer son expérience corporelle afin de l'aider à en prendre conscience graduellement. Dans les jeux moteurs, on peut inciter l'enfant à anticiper, à planifier et à nommer le geste, l'action ou le mouvement qu'il exécute (par exemple, lui faire nommer la séquence d'une activité).

L'adulte peut profiter des différentes situations de vie partagées avec l'enfant pour donner un sens à son expérience immédiate en utilisant un langage simple et descriptif (par exemple, dire à l'enfant ce qu'il mange, nommer la personne avec qui il joue, décrire ce qu'il fait et comment il le fait, etc.).

À la fin d'une activité partagée avec l'enfant, l'adulte peut l'aider à évoquer et à verbaliser en ayant recours au « je » : ce qu'il a fait, quels moyens il a utilisés et quels ont été les résultats. Ces verbalisations contribuent à l'intégration de l'expérience de l'enfant et au développement graduel de son sentiment d'identité propre et de son estime de lui-même.

Figure 4.1 | Appui visuel

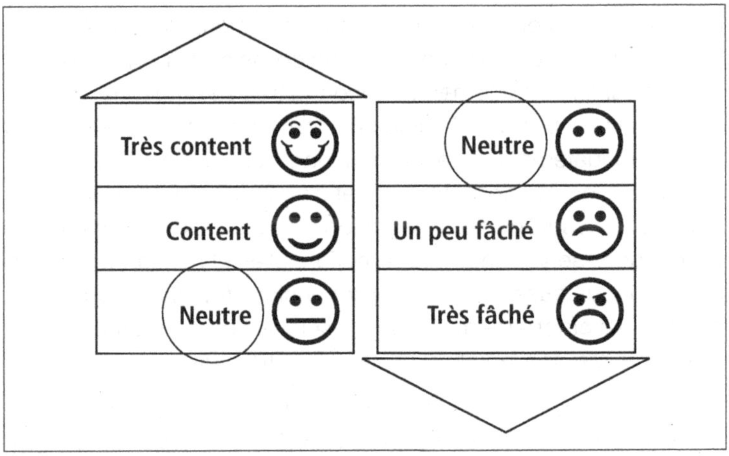

Source : logiciel BoardMaker, DynaVox Mayer-Johnson.

Favoriser le décodage des émotions

- Aider l'enfant à nommer les émotions de base : joie, colère, peur, tristesse. Il est plus simple d'utiliser les expressions de votre visage ou des photographies d'humains exprimant clairement les émotions.
- Enseigner à l'enfant à associer l'émotion ressentie avec la situation vécue.

- Utiliser un appui visuel (échelle graduée, thermomètre ou calmomètre) pour aider l'enfant à identifier ses émotions et leur intensité.
- Amener l'enfant à décoder ses émotions et à maîtriser ses frustrations en l'aidant à trouver un endroit où la manifester (par exemple, crier dans son oreiller) ou à l'exprimer par des mots simples (« Je suis fâché »). Il est important que l'enfant s'affirme et puisse s'exprimer avant que l'émotion ne devienne trop intense.
- Montrer à l'enfant comment protester en utilisant des exemples concrets et en décortiquant le comportement à adopter.
- Revenir sur les situations difficiles lorsque l'enfant a retrouvé son calme et identifier avec lui ce qui est interdit et ce qui est permis dans l'expression de ses émotions (interdit de frapper, verbaliser plutôt sa colère).
- Valider l'émotion de l'enfant pour qu'il accepte de vivre sa frustration et qu'il soit plus à l'aise de l'exprimer.

Favoriser le décodage des situations interactives et des relations significatives

Comprendre les comportements et le fonctionnement social des personnes typiques est important pour les personnes autistes. Il est nécessaire d'aider l'enfant, dès son jeune âge, à décoder et à comprendre les actions, les émotions et les intentions des autres dans les situations sociales du quotidien. Il est aussi important d'aider l'enfant à comprendre les liens entre les événements et leurs conséquences, de l'amener à reconnaître comment ses actions influencent son entourage et de lui permettre de trouver des solutions pour amoindrir ses difficultés.

- Profiter des événements du quotidien pour aider l'enfant, dans le moment présent, à mieux comprendre et à mieux réagir. Au besoin, fournir un modèle de communication ou d'interaction mieux adapté à la situation.

- Profiter également des événements du quotidien pour aider l'enfant à évoquer et à verbaliser ses différentes expériences. Il est important de relever autant les situations positives que celles qui sont plus difficiles.
- Lorsqu'une situation chargée d'émotion se présente, y revenir verbalement avec l'enfant en utilisant, au besoin, des éléments visuels. L'encourager à raconter avec des mots simples et descriptifs ses actions, ses intentions, ses émotions, ainsi que leurs causes et leurs conséquences. S'assurer de la compréhension de l'enfant et l'inciter à préciser les expressions trop générales comme : « Je n'ai pas écouté », « J'ai été gentil », qui peuvent masquer une incompréhension de son expérience. S'il n'y arrive pas, identifier et nommer les émotions et les intentions des autres pour apprendre à l'enfant à établir des liens de causalité.

Il est important de décortiquer les situations relationnelles, mais aussi les indices non verbaux comme les expressions faciales, les mimiques, les intentions des gestes, les postures et les regards. On peut, pour ce faire, relever et nommer ces indices dans les activités du quotidien avec les adultes et les pairs. Ce décodage peut également être pratiqué à l'aide de jeux devant le miroir, de jeux en face à face, de livres imagés, de photos ou encore de jeux de mimes.

Voici un exemple de soutien visuel pour aider l'enfant à reconnaître son émotion et à trouver une solution.

Figure 4.2 | Soutien visuel

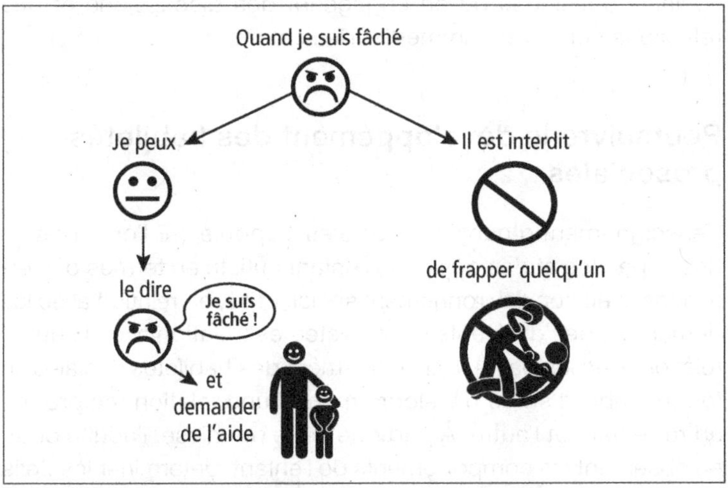

- Utiliser des livres d'histoires, des films simples et des jeux de rôles pour améliorer la compréhension des émotions et des intentions ainsi que pour susciter une réflexion en prévision de situations où l'enfant peut être directement engagé. Ce type d'activités permet à l'enfant d'expérimenter des stratégies d'habiletés sociales sans être impliqué émotionnellement. Cette distance émotive permet à l'enfant d'apprendre sans se sentir menacé ou jugé.
- Chez l'enfant qui a acquis la lecture, utiliser les scénarios sociaux pour favoriser l'apprentissage des habiletés sociales[1]. Ces scénarios sont de petites histoires écrites qui décrivent et expliquent de façon simple et claire une situation sociale et fournissent un modèle de réponse ou de comportement adapté à cette situation.
- Amener l'enfant à raconter un fait de sa journée, puis, graduellement, à raconter plusieurs faits ou une séquence d'activités réalisées dans un délai plus éloigné (hier, la fin de semaine dernière, etc.) en intégrant les aspects émotionnels et relationnels. Au besoin, utiliser des appuis visuels (un bricolage, son agenda).

Ces habiletés peuvent être enseignées en utilisant des histoires sociales dessinées ou en engageant des discussions et des réflexions sur le vécu immédiat de l'enfant.

Poursuivre le développement des habiletés prosociales

L'enseignement d'habiletés sociales s'appuie sur l'observation des capacités et des désirs de l'enfant autiste en termes d'interactions avec son environnement social, et ce, en relation avec les demandes des différents microsystèmes (relation avec l'adulte, relation avec les pairs). L'enseignement des habiletés sociales se fonde d'abord sur le développement d'une relation réciproque entre l'enfant et l'autre. À partir de cette prémisse, l'adulte peut, en observant les comportements de l'enfant, déterminer les défis qui se posent pour lui et les habiletés prosociales nécessaires à l'amélioration de ses interactions sociales au quotidien.

Les habiletés qui sont énumérées ici peuvent se développer autant à la maison, avec la fratrie, les amis du voisinage ou la famille éloignée, qu'au service de garde préscolaire ou à l'école, avec un petit groupe de pairs. Il s'agit de créer un réseau social qui permettra à l'enfant de développer des relations significatives avec les adultes et les enfants qui l'entourent. L'adulte ne doit pas hésiter à inviter des enfants à la maison pour créer des situations d'interaction en lien avec les intérêts de l'enfant.

Les moments les plus difficiles à gérer pour les enfants autistes sont souvent les moments les moins structurés. Nous constatons par exemple que, dans les périodes de jeux libres, où les imprévus sont plus fréquents et où les situations sont plus anxiogènes (récréation, service de garde scolaire, moment du repas), les enfants autistes peuvent se montrer maladroits : ils peuvent être trop directs, manquer de tact, manquer d'initiative, ne pas tenir compte des idées des autres ou chercher à contrôler ou à fuir les échanges avec les autres enfants. Ces comportements ne découlent pas de caprices ni de mauvaises intentions, mais plutôt d'un manque de stratégies de résolution de problème ainsi que d'un niveau d'anxiété important. Ils peuvent néanmoins placer l'enfant en situation de vulnérabilité et provoquer un rejet de la part des pairs. Il est donc important de l'outiller afin qu'il puisse utiliser un inventaire de comportements prosociaux qui ne sont pas naturels chez lui.

Les habiletés sociales sont souvent apprises de manière rigide au départ. Il est donc important de les pratiquer en variant les formulations et les contextes d'application pour favoriser la spontanéité. Les habiletés que nous présentons ici ne sont pas à pratiquer à la lettre. Dans le vécu partagé, l'adulte qui accompagne l'enfant aide celui-ci à observer et à analyser les situations sociales et ses propres besoins. Il peut ainsi privilégier certaines habiletés prosociales en fonction du profil de l'enfant.

Les habiletés prosociales pouvant être enseignées dès le départ sont les suivantes :

- **Amener l'enfant à initier une interaction avec un pair.** Cet apprentissage est important, car il rend l'enfant disponible à son environnement social et envoie à l'autre un message d'ouverture. On peut ainsi montrer à l'enfant comment saluer, interpeller, se présenter (se nommer), inviter un ami à se joindre à son jeu ou à s'intégrer dans le jeu de l'autre et proposer des idées. Comme nous l'avons mentionné précédemment, il faut montrer à l'enfant qu'il existe une différence dans la façon d'aborder un étranger, une figure d'autorité et un camarade.
- **Amener l'enfant à prendre l'initiative de mettre fin à une interaction et respecter ses refus.** L'adulte peut montrer à l'enfant comment annoncer son départ, sa fatigue, son intention de terminer l'activité ou la conversation en cours. Il peut également lui montrer comment exprimer un refus de façon socialement acceptable : « Non », « Je ne veux pas ». Il est important que l'enfant sente qu'il a la liberté de refuser ou de mettre fin à une interaction de façon appropriée. Cela

peut se faire par des rappels verbaux ou en lui donnant son approbation lorsqu'on détecte un désir de partir ou d'arrêter. L'utilisation de ces habiletés permet d'éviter la frustration et les comportements brusques d'abandon.

Développer des habiletés prosociales en contexte de groupe

Est-il possible d'intégrer un jeune enfant autiste dans un service de garde préscolaire ? Est-ce souhaitable ? Divers éléments doivent être pris en compte pour répondre à cette question, notamment les aptitudes sociales de l'enfant, l'horaire de travail des parents et la possibilité d'avoir une place dans un service de garde de qualité.

Il faut d'abord voir quel sens la fréquentation d'un service de garde aura pour l'enfant. Certains enfants autistes seront curieux, un peu maladroits, mais portés vers les autres. Une expérience positive peut avoir un impact non négligeable sur le développement des habiletés sociales en contexte naturel. Pour d'autres enfants toutefois, le fait de se retrouver dans un groupe sera perçu comme menaçant, voire agressant.

Il n'est par ailleurs pas toujours facile d'obtenir une place en service de garde, car les listes d'attente sont longues. Il faut également distinguer les services de garde en milieu familial, les garderies privées subventionnées et non subventionnées et les centres de la petite enfance (CPE). Un milieu de qualité se reconnaît à la formation et à la stabilité de son personnel et à l'application d'un programme éducatif. Des routines prévisibles et un environnement structuré et non surchargé facilitent grandement l'adaptation de l'enfant. Les débuts et les fins de journée, où les périodes de jeux libres prédominent, sont souvent plus difficiles pour les enfants autistes.

L'intégration doit être soigneusement planifiée[2,3]. Une rencontre entre les différentes personnes impliquées (parents, éducateur, gestionnaire) est essentielle pour discuter des besoins de l'enfant et des attentes de chacun. Il existe une allocation[4] pour l'intégration d'un enfant handicapé en service de garde subventionné. Elle permet de financer le salaire d'un accompagnateur (éducateur ou éducateur spécialisé) ou la diminution du nombre d'enfants par éducateur, la formation du personnel ou l'achat de matériel spécialisé. Le rôle de l'accompagnateur est, dans un premier temps, de soutenir l'enfant dans ses initiatives et, dans un deuxième temps, de l'outiller en vue d'accroître son autonomie. Pour que l'enfant ne dépende pas du soutien constant de l'accompagnateur, celui-ci peut diminuer graduellement sa présence directe et laisser l'enfant se débrouiller dans ses expériences de groupe.

Les habiletés prosociales plus complexes pouvant être enseignées en contexte naturel dans un service de garde préscolaire ou scolaire sont les suivantes :

Interagir

Comme nous l'avons dit précédemment, l'adulte peut amener l'enfant à choisir des comportements prosociaux en l'aidant à analyser les situations sociales et en lui faisant comprendre l'impact de ses actions sur les autres. Il est parfois nécessaire de fournir à l'enfant un inventaire de comportements sociaux adaptés ou une liste de règles à suivre : écouter les consignes, attendre son tour, être attentif aux actions des autres, proposer des idées, accepter de varier les thèmes abordés selon les intérêts des autres, vérifier l'intérêt de son interlocuteur, accepter d'essayer une nouvelle façon de faire, se rendre compte de la place qu'il prend, éviter de prendre toute la place, respecter et accepter les idées des autres, etc. L'adulte peut par ailleurs illustrer les étapes des initiatives sociales prises par l'enfant en passant préalablement par un modèle concret. Il peut, pour ce faire, utiliser des modèles imagés (photos, pictogrammes) ou verbaux (formulations, indices verbaux ou gestuels). Il peut aussi proposer à l'enfant des mises en situation (petits jeux de rôle ou jeux symboliques avec des figurines ou des marionnettes) en fonction de son niveau de représentation.

Partager

L'adulte peut encourager le partage avec les pairs en créant des situations où l'enfant peut prendre l'initiative de partager un jouet, une collation, une idée, etc. (par exemple, diminuer le nombre d'objets disponibles afin de provoquer un échange).

Attendre son tour

Il est utile d'encourager l'enfant à attendre son tour et à continuer de s'intéresser au jeu même lorsque ce n'est pas son tour à l'aide d'activités interactives qui le motivent. Il importe alors d'indiquer concrètement les tours de rôle par des indices visuels et verbaux: « C'est le tour de... ». Au besoin, on peut fournir une aide physique.

Connaître et utiliser des formules de courtoisie

On peut montrer les formules d'excuses (pour interrompre une discussion par exemple) et les formules de remerciements, et s'assurer qu'elles sont adressées à l'interlocuteur.

Apprendre les attitudes de coopération

Il est important d'amener l'enfant à travailler avec un partenaire avant de le mettre en sous-groupe. Il est parfois avantageux de jumeler un enfant à un camarade montrant de bonnes habiletés prosociales ou à un enfant plus vieux (système de mentorat) pour qu'il ait un modèle rassurant. Il est aussi possible de le jumeler avec un enfant plus jeune pour lui permettre de vivre des succès et d'enrichir son estime de soi. Il faut également valoriser les forces scolaires et les intérêts particuliers du jeune autiste dans le travail en équipe afin d'augmenter sa confiance et son sentiment de fierté. Il est bon de placer l'enfant dans un sous-groupe avec un but ou un projet commun dès qu'il démontre suffisamment de compétences en dyade. Il faut cependant déterminer à l'avance son apport dans le groupe et choisir le thème en fonction du désir collectif. L'adulte peut aider l'enfant à identifier les rôles de chacun et lui attribuer un rôle bien spécifique. Si on joue à l'épicerie, on peut attribuer le rôle du caissier à l'enfant qui est compétent pour compter l'argent en le prévenant qu'il y aura un tour de rôle pour ce personnage. On peut également diviser en séquences ce que fait chaque participant et ce que fait le caissier pour aider les enfants à poser leurs actions. L'enfant autiste a parfois tendance à devenir trop autoritaire dans ces situations, à dicter au groupe une conduite ou à chercher à le diriger ; il faut alors lui rappeler la planification de départ. Il peut être intéressant de donner une responsabilité à l'enfant face au groupe (par exemple, distribuer l'argent à chacun).

Garder une certaine distance interpersonnelle

L'enfant autiste a parfois tendance à vouloir faire les choses à la place des autres ou à envahir leur espace. Il est important de faire remarquer son comportement à l'enfant qui se conduit de la sorte et de désigner des emplacements concrets pour chaque participant (chaises, cerceaux, tapis) afin de l'aider à délimiter la place qu'il a le droit d'occuper.

Résoudre des conflits sociaux

L'adulte doit amener l'enfant à analyser la situation conflictuelle, à décoder et gérer les émotions, à faire preuve d'autorégulation et de contrôle de soi, à trouver des stratégies de résolution de problème, à en choisir une et à l'appliquer (négocier, protester, s'affirmer, demander de l'aide, faire des compromis, partager, aller chercher un adulte). L'important est d'utiliser essentiellement des moyens concrets et de s'assurer préalablement que l'enfant comprend les liens de causalité et la séquence d'une situation interactive.

En questionnant l'enfant, on peut vérifier sa compréhension et sa perception d'une situation. Il est alors possible de corriger les interprétations erronées (« Pourquoi le petit garçon a-t-il donné un coup de pied sur la voiture ? »). L'adulte peut aussi utiliser des histoires (histoires imagées, films, scénarios sociaux) pour amener l'enfant à comprendre les liens de causalité dans une situation conflictuelle (déclencheur du conflit, émotions impliquées, conséquences et solutions). Il peut par ailleurs enseigner à l'enfant comment réagir en fonction de certains indices sociaux, comme les émotions des autres, et lui fournir un répertoire de réponses à utiliser dans différentes situations sociales. Il s'agit de lui enseigner quoi dire et comment le dire en pratiquant ces habiletés sociales sous forme de jeu de rôle. Lorsque l'enfant vient de vivre une situation de conflit, il est préférable d'attendre qu'il ait retrouvé son calme avant de l'amener à entreprendre ce processus de résolution de problèmes.

L'adulte doit amener l'enfant à se protéger des taquineries en l'aidant à identifier les personnes qui ont tendance à taquiner les autres et en l'incitant à ne pas aller vers elles. Il peut mettre l'accent sur les relations amicales positives et l'encourager à aller vers ce groupe d'amis ou à essayer de s'en faire de nouveaux. En raison de ses comportements particuliers, de ses intérêts répétitifs ou de son attitude de contrôle, l'enfant autiste suscite parfois les taquineries. Dans ce cas, il est important de l'aider à prendre conscience de l'impact de ses comportements sur les autres. L'adulte peut proposer à l'enfant des alternatives et des solutions pour qu'il sache comment réagir aux taquineries et les lui faire pratiquer à l'aide de jeux de rôle ou de scénarios sociaux[1]. Pour éviter que la situation ne se détériore, l'adulte doit s'assurer d'instaurer une communication étroite avec le service de garde préscolaire ou l'école et de repérer une personne-ressource (professeur, éducateur spécialisé, accompagnateur, pair plus vieux, psychoéducateur, surveillant, concierge, etc.) à qui l'enfant peut s'adresser en cas de taquinerie ou d'intimidation.

Certains concepts abstraits sont mal interprétés par les enfants autistes, notamment les expressions à double sens, les métaphores, l'ironie, le sarcasme, les subtilités et l'humour. Ces éléments peuvent rendre les discours incompréhensibles pour l'enfant, car celui-ci est porté à les interpréter au pied de la lettre. Il peut par exemple être terrifié à l'idée que « le chat mange sa langue ».

Il est important de s'assurer de la compréhension de l'enfant lorsqu'on utilise ces éléments et d'expliquer les éléments mal compris. Il est possible d'offrir à l'enfant un inventaire de ces expressions, même sous forme de jeu ou de devinettes.

L'enfant autiste a souvent de la difficulté à adapter ses comportements en fonction du type de relation qu'il entretient avec une personne (ami, camarade, figure d'autorité, proche, intime, étranger, ennemi). Il peut par exemple se montrer affectueux envers un inconnu, considérer l'enfant qui le méprise comme son ami ou adopter en public des comportements généralement réservés au domaine privé. Parfois, les jeunes enfants ne se méfient pas des étrangers et s'éloignent de leurs parents sans avertissement. Il peut paraître surprenant d'avoir à enseigner et à décortiquer les relations humaines de base, mais ce qui semble évident pour le plus grand nombre n'est pas décodé instinctivement par l'enfant autiste. Il est dès lors important de définir la différence entre l'amitié, les relations significatives et les autres types de relation.

› Décrire à l'enfant ce qu'est un ami et identifier avec lui qui il peut qualifier d'ami dans son entourage. Expliquer la distinction entre une relation positive (ami) et négative (enfant qui se moque de lui). Utiliser des expériences vécues ou des albums de photos.
› Nommer les adultes qui décident afin qu'il reconnaisse les figures d'autorité.
› Enseigner à l'enfant à décoder les attitudes prosociales par opposition aux attitudes antisociales. Décrire les diverses actions d'un bon ami (partage, invitation, écoute, empathie, protection, justice, coopération, aide, consolation, compliments et confiance) par opposition aux attitudes qui contribuent au rejet par les pairs (tricherie, insulte, agressivité, mauvais perdant, blâme, moquerie, chantage et taxage).

Un parent a bien exprimé ce qu'exige l'intégration d'un enfant autiste dans un groupe de pairs : « Si on met des lunettes à un enfant myope pour qu'il voie le tableau, on doit également fournir des lunettes à un enfant autiste pour qu'il le décode. »

En conclusion, le développement des habiletés sociales chez l'enfant autiste exige de surmonter des défis qui lui sont propres et d'adapter certaines caractéristiques de son environnement. Ainsi, seulement, il sera possible d'actualiser le potentiel de l'enfant, de minimiser les situations anxiogènes et d'augmenter le sentiment de confort dans les différents milieux. La compréhension du fonctionnement social des personnes typiques et l'acquisition d'habiletés prosociales chez le jeune enfant autiste permettent en outre le développement d'habiletés plus complexes à l'adolescence et à l'âge adulte. Et le développement de ces habiletés ne peut se faire qu'en se fondant sur les intérêts de l'enfant et le plaisir d'entrer en relation avec l'autre.

Notes

1. Gray, C.A. (1994). *The Social Story Book.* Michigan : Jenison Public School. Cet ouvrage a été traduit au Québec par Bouchard C. et Hoff W : Gray, C.A. (1996). *Le livre des scénarios sociaux.* Québec : Centre de ressource régionale d'aide en autisme.

2. Dupuis, J. (2003). *L'abécédaire : guide pour favoriser l'inclusion des enfants ayant des besoins particuliers dans les services de garde (0-4 ans).* Lanaudière : Comité régional de concertation pour favoriser l'intégration des enfants ayant des besoins particuliers dans les services de garde de Lanaudière.

3. Moreau, A., Maltais, C. et Herry, Y. (2005). *L'éducation inclusive au préscolaire, accueillir l'enfant ayant des besoins particuliers.* Montréal : Éditions CEC.

4. Les informations sont disponibles sur le site Internet du ministère de la Famille et des Aînés du Québec au www.mfa.gouv.qc.ca

Boîte à **outils** chapitre 5

Observer... les comportements stéréotypés, les intérêts restreints et les jeux

✎ L'enfant manifeste-t-il de l'intérêt pour son environnement ?

___

___

✎ Qu'est-ce qui suscite son intérêt ?

___

___

✎ Quel est son mode d'apprentissage ?

___

___

	Oui	Non
Montre-t-il des forces particulières dans certains domaines ?		
Fait-il des gestes particuliers et répétitifs avec les doigts, les mains ou les bras (par ex., battements des bras) ?		
Fait-il d'autres mouvements particuliers et répétitifs avec son corps (par ex., faire des allers-retours en courant avec des mouvements d'extension des bras, toujours de la même façon et durant de longues périodes) ?		
Recherche-t-il certains stimuli sensoriels de son environnement (par ex., faire bouger les objets sur le côté de son visage en les regardant de côté) ?		
Montre-t-il une aversion à l'égard de certains stimuli sensoriels de son environnement (par ex., placer les mains sur ses oreilles quand il entend certains sons) ?		

✎ Autres particularités au niveau des comportements/intérêts :

___

___

___

Chapitre 5

Le domaine DES COMPORTEMENTS STÉRÉOTYPÉS, DES INTÉRÊTS RESTREINTS ET DES JEUX

Comprendre les comportements stéréotypés et les intérêts restreints

Les comportements stéréotypés et les intérêts restreints ont une valeur diagnostique. Celle-ci est définie dans le nouveau manuel diagnostique DSM-5. Ils comprennent:

- les préoccupations circonscrites à un ou plusieurs centres d'intérêt stéréotypés et restreints, anormales dans leur intensité ou dans leur orientation : les dinosaures, les chiffres et les lettres ;
- l'adhésion apparemment inflexible à des habitudes ou à des rituels spécifiques et non fonctionnels : passer par le même chemin pour aller à la garderie ;
- les maniérismes moteurs stéréotypés et répétitifs : battements ou torsions des mains ou des doigts, mouvements complexes de l'ensemble du corps ;

- les préoccupations persistantes pour certaines parties des objets : roues d'une auto miniature[1] ;
- les réactions d'hypersensibilité ou d'hyposensibilité à des informations sensorielles ou des intérêts inhabituels pour des aspects sensoriels de l'environnement.

Les parents d'enfants autistes rapportent très tôt la présence de comportements stéréotypés et d'intérêts restreints. Ils identifient, entre autres, une hypersensibilité ou une hyposensibilité au son, au toucher, au goût, à la douleur ; des comportements visuels inhabituels, une attention visuelle instable ; des jeux répétitifs avec des objets durs ; des mouvements répétitifs du corps et des postures étranges. Les chercheurs et les cliniciens manifestent un intérêt croissant pour les comportements stéréotypés et les intérêts restreints chez les enfants autistes. Des recherches fondées sur l'observation des comportements démontrent de plus en plus la présence de comportements stéréotypés et d'intérêts restreints en bas âge. D'ailleurs, dans la nouvelle édition du DSM, le DSM-5, ces comportements auront un poids plus important dans le diagnostic des troubles du spectre de l'autisme (TSA).

Avant d'aborder les principes sur lesquels devraient s'appuyer les interventions qui visent les comportements stéréotypés et les intérêts restreints, il est important de souligner le rôle que peuvent jouer ces intérêts ainsi que les théories explicatives qui sous-tendent les principes d'intervention proposés.

L'enfant autiste présente souvent un intérêt marqué et répétitif pour certains jeux (par exemple, les jeux visuels et sonores action-réaction, les trains et les voies ferrées, les chiffres et les lettres) ou pour certains thèmes (Pokémons, dinosaures, noms des pays et drapeaux). La plupart du temps, ces intérêts correspondent à des particularités perceptives et à des pics d'habileté identifiés par l'évaluation intellectuelle et pouvant même se révéler être des domaines d'expertise chez certains enfants. L'évaluation intellectuelle permet en effet d'identifier les capacités cognitives, les forces et les faiblesses de l'enfant. Le profil cognitif peut montrer certaines pointes de performance ou pics d'habileté. Ces performances dans des domaines spécifiques peuvent être supérieures aux autres capacités cognitives de l'enfant ou aux capacités moyennes des enfants de son âge dans ce domaine.

Ces capacités concernent toute étape du traitement de l'information, de la perception (la résolution de jeux Logix® ou de casse-têtes, par exemple) à la mémorisation d'un matériel écrit ou verbal (une liste des espèces de dinosaures avec leurs caractéristiques ou les répliques d'un script de film, par exemple). Les capacités spéciales de l'enfant sont souvent révélées par ses intérêts de prédilection (faire des casse-têtes à répétition, mémoriser les noms et les caractéristiques des différentes espèces de dinosaures). Le domaine des intérêts restreints est donc, pour les parents et les intervenants, une source importante d'information pour aider l'enfant à développer ses intérêts et ses apprentissages. L'adulte peut observer les intérêts de l'enfant autiste, notamment dans les périodes de jeux libres pendant lesquelles il peut explorer son environnement et s'intéresser de façon plus particulière ou plus marquée à certains objets ou à certains thèmes. Les intérêts de prédilection devraient être utilisés comme des sources de matériel de jeux et des indicateurs des contenus et des modalités d'apprentissage de l'enfant, mais également comme des sources de motivation, des occasions sociocommunicatives, des inhibiteurs d'anxiété et des amplificateurs de sensations agréables.

Les témoignages de personnes autistes sans déficience intellectuelle et les études empiriques récentes[2] montrent la valeur adaptative des comportements stéréotypés et des intérêts restreints, par exemple l'adoption de mouvements répétitifs pour réduire l'anxiété et l'adoption d'intérêts de prédilection qui présentent des particularités perceptives favorisant l'actualisation des capacités cognitives et l'évolution générale de l'enfant. Les interventions proposées ne visent surtout pas à faire cesser ces comportements, mais plutôt à mieux les comprendre, à y répondre et à les utiliser pour favoriser le développement de l'enfant autiste et son adaptation à l'environnement social et physique. Les enfants autistes s'intéressent souvent à des expériences sensorielles inhabituelles et à des jeux qui peuvent sembler peu variés. La recherche d'expériences sensorielles particulières ou d'intérêts de prédilection semble être liée de façon intrinsèque au plaisir ou, du moins, à un certain réconfort. À l'inverse, l'interruption soudaine d'une activité d'intérêt marqué ou de prédilection provoque habituellement une réaction de colère chez l'enfant autiste.

Comme nous l'avons déjà mentionné dans le chapitre sur l'intelligence autistique, la démarche d'exploration et d'apprentissage des personnes autistes est différente de celle des autres enfants de leur âge. Il est donc important de considérer, de respecter et d'utiliser les caractéristiques cognitives spécifiques de l'enfant afin de maximiser ses capacités d'apprentissage. L'adulte peut par ailleurs s'inspirer de la littérature scientifique au sujet de la trajectoire développementale de ces comportements et des mécanismes d'apprentissage qui y sont liés.

Utiliser les comportements stéréotypés et les intérêts restreints

Considérer les mouvements répétitifs de l'enfant

L'enfant peut effectuer des mouvements répétitifs du corps sous la forme de maniérismes des mains ou des doigts, ou d'autres maniérismes complexes du corps (par exemple, sautiller ou tournoyer sur soi-même). En clinique et en recherche, il est de plus en plus souvent admis que ces comportements, souvent qualifiés d'autorégulateurs, procurent des sensations agréables et apaisantes et ont dès lors une réelle fonction adaptative. Ces comportements peuvent traduire un besoin de stimulation chez l'enfant. L'adulte peut ainsi, en collaboration avec l'ergothérapeute qui a évalué l'enfant, répondre à ses besoins de stimulation en lui offrant certaines activités sensorielles et motrices.

Dans certains cas, la présence de mouvements répétitifs a un impact sur l'adaptation au milieu, notamment si la fréquence est très élevée ou que les comportements se manifestent dans des endroits inappropriés (service de garde préscolaire, école, etc.). Il est alors possible de rassurer l'enfant en lui disant qu'il peut adopter ces comportements à des moments et dans des endroits spécifiques. Il est important de bien lui indiquer ces lieux en utilisant des repères visuels ou verbaux concrets. Ces interventions ne visent pas à faire cesser ces comportements, mais bien à les circonscrire à des moments spécifiques afin de favoriser la participation de l'enfant à différentes activités et d'éviter les situations de rejet social et d'intimidation. Les parents sont habituellement sensibles à l'impact négatif de certains de ces comportements sur l'adaptation de leur enfant, même s'ils reconnaissent leur fonction apaisante pour celui-ci. Certains enfants autistes verbaux sont capables d'exprimer leur malaise face à la réaction négative de certaines personnes à leurs mouvements répétitifs. L'intervention proposée ici s'appuie sur l'évaluation de la fonction de ces comportements et de leur impact sur l'enfant et sur les différents milieux de vie. Il faut également sensibiliser les intervenants des divers milieux fréquentés par l'enfant afin qu'ils comprennent bien la signification de ses comportements stéréotypés et, surtout, leur importance pour son bien-être.

Considérer les particularités sensorielles de l'enfant

L'adulte peut, en collaboration avec l'ergothérapeute, établir le profil sensoriel de l'enfant : hypersensibilité, hyposensibilité ou recherche de sensations sur le plan tactile, gustatif, visuel, auditif, olfactif, vestibulaire et proprioceptif. Ce profil permet de mieux comprendre les réactions de l'enfant face à son environnement social et physique (par exemple, lorsqu'il réagit à un bruit soudain en se mettant les mains sur les oreilles et en pleurant, ou lorsqu'il refuse de toucher à certaines textures).

L'établissement du profil sensoriel permet également la mise en place de conditions qui respectent les particularités sensorielles de l'enfant dans la vie quotidienne et d'activités de stimulation qui répondent à ses besoins sensoriels.

Pour les très jeunes enfants, il est préférable de choisir des activités sensorimotrices qui les intéressent déjà. Il est également important de tenir compte du profil sensoriel de l'enfant, tant au point de vue de ses réactions de défense que de ses besoins et intérêts, pour lui faire vivre des expériences qui stimulent tous ses sens (gustatif, olfactif, tactile, visuel, auditif, vestibulaire et proprioceptif).

L'adulte doit ainsi offrir des activités ayant une composante sensorielle et tenter d'élargir le champ d'activités de l'enfant afin de :

› stimuler ses apprentissages en misant sur le plaisir et l'intérêt. L'enfant peut, par exemple, s'intéresser à un jeu ayant une composante lumineuse ou sonore qui permet également l'apprentissage des chiffres, des couleurs, des lettres ou des formes ;
› favoriser l'acquisition de comportements adéquats, le développement d'apprentissages préscolaires ou scolaires, la motivation pour des activités qui ne font pas partie de ses intérêts particuliers, etc.

En répondant aux besoins sensoriels de l'enfant, l'adulte favorise son bien-être et une plus grande disponibilité pour les activités proposées. Pour multiplier les expériences sensorielles, motrices et perceptives de l'enfant, il peut se baser sur ses centres d'intérêt et utiliser du matériel comme des bulles, des blocs, des jets d'eau, des balançoires, des glissades, etc. Il peut aussi explorer les jeux d'action-réaction, les jeux tactiles, les encastrements, etc.

Il est parfois nécessaire de modifier l'environnement lorsque l'enfant présente trop de réactions défensives face à un stimulus. L'enfant peut être graduellement exposé à un stimulus aversif, mais il est important d'observer attentivement ses réactions pendant l'exposition. L'adulte peut, par exemple :

- réduire le volume des appareils ménagers pour que l'intensité soit graduellement tolérée par l'enfant ;
- avertir préalablement l'enfant des bruits qui surviennent subitement ;
- exposer l'enfant aux pleurs de bébé ou à tout autre bruit en utilisant un enregistrement afin de pouvoir en contrôler l'intensité et la durée.

Il est important d'utiliser des moyens concrets et visuels pour informer l'enfant du comportement qu'on attend de lui, de certaines caractéristiques environnementales qui peuvent l'affecter et, s'il y a lieu, des modifications qui seront apportées à son environnement. Il peut alors mieux anticiper les événements, ce qui contribue à réduire son anxiété.

Développer le jeu exploratoire et l'apprentissage à partir des intérêts de l'enfant

Nous rappelons ici des éléments importants abordés dans le chapitre sur l'intelligence autistique. Les intérêts particuliers semblent occuper une place unique dans l'univers perceptif des jeunes enfants autistes et constituent dès lors un précieux levier d'apprentissage[3].

Les études récentes sur le rôle de la perception dans le fonctionnement de l'intelligence autistique[4] permettent d'expliquer encore mieux l'attirance des jeunes enfants autistes envers les paramètres perceptifs de leurs objets d'intérêt (visuels et auditifs), le développement d'un intérêt marqué pour cette classe d'objets et l'actualisation de leurs compétences dans la maîtrise de ce domaine d'intérêt particulier.

Les centres d'intérêt de l'enfant sont des sources d'exploration et d'apprentissage pour lui et des ressources importantes d'intervention pour les parents et les intervenants. Les enfants autistes manifestent beaucoup d'intérêt pour certains aspects perceptifs de leur environnement (formes, couleurs, sons, etc.). Ils ont beaucoup de plaisir à explorer et à manipuler les objets en les regardant, en les alignant, en les faisant tourner, en les disposant par catégories de formes ou de couleurs, etc.

Par ailleurs, nos observations cliniques vont dans le même sens que les travaux de Mottron et Soulières[5], qui soulignent que le jeu spontané des jeunes enfants autistes est basé sur la régularité perceptive. Ces enfants s'amusent souvent à produire des modèles visuels et auditifs constitués par des familles de formes semblables ou proches.

Photos 5.1 | Quelques jeux structurés

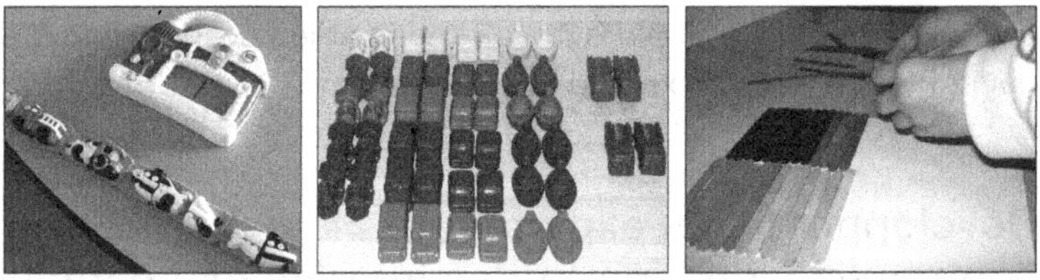

L'intérêt des personnes autistes pour ce type de jeu structuré selon certaines caractéristiques perceptives révèle souvent, chez eux, de bonnes capacités de discrimination, de détection et de manipulation de modèles statiques. Le développement des capacités spéciales est souvent fondé sur l'habileté des autistes à détecter des régularités entre les formes et entre les structures visuelles ou auditives, et à les associer (par exemple, hyperlexie : code écrit/code verbal, calcul de calendrier : jour de la semaine ou date). Il est recommandé d'exposer l'enfant à du matériel complet lié à ses intérêts et d'éviter de décomposer ce matériel.

Nous vous présentons ci-après des recommandations tirées de notre expérience clinique et enrichies par les études citées précédemment.

L'adulte peut commencer par observer ce qui intéresse l'enfant (jeux visuels ou sonores, objets d'intérêt, matériel écrit, audio, informatisé, etc.) et l'exposer ensuite à un matériel complet en lien avec cet intérêt. Par exemple, si l'enfant s'intéresse aux lettres, il peut lui présenter des abécédaires sur ordinateur, des lettres aimantées sur un tableau ou des dictionnaires imagés. L'adulte peut ensuite ajouter des stimuli, des compléments ou des renseignements. Les logiciels de jeux ou les tablettes éducatives comme le LeapPad® constituent fréquemment des sources de plaisir et d'apprentissage pour le jeune enfant autiste. Leur fonctionnement logique lui est très accessible et leurs apports informatifs et ludiques, très enrichissants et intéressants. De nos jours, l'utilisation d'une tablette numérique telle que le iPad® répond encore mieux aux mêmes besoins. La simultanéité des stimuli visuels, auditifs et dynamiques interpelle généralement l'enfant autiste. Le iPad® offre ainsi un format dont la structure, la logique et les régularités correspondent bien au fonctionnement perceptif de l'enfant autiste[6].

Par ailleurs, il n'est pas nécessaire de toujours mettre en place des activités structurées. En fait, il est aussi suggéré de mettre du matériel d'activités à la disposition de l'enfant et d'observer vers quelle activité il se dirige. En observant son jeu, l'adulte sera en mesure d'identifier les activités qui le motivent, ses intérêts de prédilection, les forces qui guident ses choix et son fonctionnement dans l'exploration des activités. Il doit ainsi tenter, au départ, de ne pas s'imposer, d'éviter les instructions et de se laisser guider par l'enfant en s'impliquant graduellement dans son activité.

L'adulte peut se baser sur l'intérêt de l'enfant et enrichir cet intérêt en lui présentant un matériel regroupant l'ensemble des informations. Il lui offre ainsi l'occasion d'exercer ses capacités cognitives et ses modalités d'apprentissage sur le plan de la discrimination, de la détection et de la manipulation des modèles de régularité. Si l'enfant montre de l'intérêt pour un certain matériel en portant attention au code écrit, l'adulte ne doit pas supposer que cet intérêt est inutile à cause de son jeune âge ou de l'absence de langage. Il faut en effet se rappeler que la trajectoire développementale de l'enfant autiste est différente de celle de l'enfant typique.

Si l'enfant n'explore pas spontanément le matériel ou si l'on veut lui enseigner un autre type d'exploration, le jeu ou le matériel peut être organisé ou expliqué à l'enfant de façon claire et concrète. Il est alors préférable de privilégier des objets, des jeux et des thématiques dont les composantes sont perceptives et logiques : des jeux d'action-réaction avec des effets visuels et sonores, des encastrements représentant des thèmes qui intéressent l'enfant (animaux, voitures), des jeux électroniques et des jeux sur écran, des livres imagés, des livres documentaires, etc. En d'autres mots, la présentation doit faire en sorte que le matériel parle de lui-même. L'adulte peut alors offrir à l'enfant un enseignement implicite, c'est-à-dire par démonstration visuelle et concrète avec un minimum d'explications verbales. Pour faciliter l'apprentissage de l'enfant, il peut utiliser des informations visuelles (représentations imagées des étapes d'une activité) ou auditives (séquences verbales d'un horaire) et un contenu structuré et constant dans ses différentes présentations.

Certains jouets semblent susciter un intérêt particulier chez les enfants autistes. C'est ce que rapportent de nombreux parents, cliniciens et auteurs d'articles scientifiques sur l'autisme. Nous vous en présentons quelques-uns dans le tableau qui suit. Ces jouets sont tirés de la situation de stimulation validée par Claudine Jacques dans sa thèse de doctorat[7].

Figure 5.1 | Matériel d'apprentissage

Jouets à boutons avec effet visuel (linéaire, rotatif, réflectif, lumineux) ou sonore (son continu, mélodie, chanson)			

		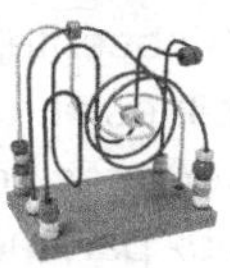	
Fusil à bulles		Dinosaure	
Autos miniatures		Calendrier	
Chiffres et lettres, non structurés dans un jeu			

D'autres jouets ou matériels d'apprentissage peuvent être utiles :

- Blocs Lego® ou de bois ;
- Encastrements et casse-têtes ;
- Jeux de loto ;
- Livres d'enfant, journaux, dictionnaires ou encyclopédies ;
- Tablettes numériques (LeapFrog®, LeapPad®, iPad®) ;
- Ordinateurs, consoles de jeux vidéo ;
- Figurines Playmobil®.

Développer les jeux d'imitation, de « faire semblant » et symboliques

Nous avons déjà mentionné certaines difficultés liées aux fonctions exécutives chez les enfants autistes. Ces difficultés peuvent se manifester, entre autres, par un manque de capacités à produire spontanément une nouvelle représentation ou un travail créatif. Ces particularités peuvent expliquer les difficultés que présentent ces enfants à développer le jeu de « faire semblant » et le jeu imaginaire. Ces enfants ont souvent du mal à imaginer une information absente, à choisir entre plusieurs situations et inférences possibles et à élaborer un court scénario. Ils peuvent aussi avoir différentes réactions comme celle de s'intéresser exclusivement aux paramètres physiques des objets sans aucune élaboration symbolique.

Les enfants autistes peuvent également avoir de la difficulté à distinguer le réel et l'imaginaire. Ces difficultés sont fréquemment des sources d'anxiété et nous devons les considérer dans nos objectifs d'intervention auprès de l'enfant.

Favoriser les jeux d'imitation

Voici des idées d'activités pour améliorer les capacités d'imitation de l'enfant à partir d'objets et de jeux qui l'intéressent.

- L'adulte imite les sons et les gestes de l'enfant, ce qui, habituellement, capte son attention et suscite plaisir et échange.
- L'adulte imite l'activité de l'enfant et apporte graduellement des éléments nouveaux. Par exemple, si l'enfant aligne des figurines d'animaux, l'adulte ajoute un animal à sa série ou à la série de l'enfant, ou change l'ordre de la série et demande à l'enfant de faire de même. Attention ! Toute frustration ou rigidité de la part de l'enfant doit pousser l'adulte à réduire le nombre de changements et à recommencer simplement à imiter l'enfant. Peu à peu, il peut amener l'enfant à imiter des actions plus variées en utilisant les jouets qu'il aime.

- L'adulte actionne la manette d'un jeu d'action-réaction en produisant un effet qui capte l'attention de l'enfant. Puis, il lui donne le jeu en lui demandant de faire la même chose. Si nécessaire, il le fait avec l'enfant et cesse peu à peu de l'aider à mesure que celui-ci progresse.
- L'adulte montre à l'enfant comment utiliser un objet de deux façons différentes :
  - Petite auto : la faire rouler, faire « poutt-poutt ! » ;
  - Pâte à modeler : faire une boule, faire une galette ;
  - Cuillère et chaudron : remuer, jouer du tambour ;
  - Cubes : faire une tour, faire un train.
- L'adulte encourage l'enfant à imiter ses gestes devant le miroir ou dans les activités quotidiennes :
  - Dans la baignoire, se laver en glissant l'éponge sur la jambe, en faisant des ronds sur les genoux, en faisant des « bong ! » sur le ventre ;
  - Chanter une comptine et ajouter des gestes, puis changer les gestes ou les exagérer (petits ronds, grands ronds avec les bras) ;
  - Faire des grimaces dans le miroir ;
  - Toucher à des bulles de savon avec différentes parties du corps.
- L'adulte encourage les jeux d'imitation de sons :
  - Reproduire les vocalises de l'enfant et en ajouter en les associant à des actions avec des objets concrets : « youh ! » dans la glissade, « boum ! », « poum ! » ;
  - Imiter des cris d'animaux : « meuh ! », « ouaf ! ».

L'enfant apprend progressivement à faire des jeux d'imitation de façon plus spontanée. L'adulte peut asseoir l'enfant en face de lui et lui donner le matériel qu'il a lui-même devant lui. Il peut ensuite imiter ce que l'enfant fait avec le matériel afin de partager une activité plaisante et de l'encourager à faire comme lui (par exemple, chacun a une boule de pâte à modeler, deux instruments de musique et deux emporte-pièce).

- Favoriser des activités incluant des actions d'imitation en face à face et devant le miroir (imitation de sons, de gestes, d'actions avec des objets familiers, de mimiques ou d'expressions faciales, jeu de « Jean dit », etc.).
- Varier les actions et les règles du jeu en utilisant le même matériel. Les séquences ajoutées doivent débuter par des actions concrètes. Les scénarios peuvent ensuite se complexifier au fur et à mesure que l'enfant participe et commence à initier les actions montrées.
- Favoriser l'imitation pour entrer en relation avec l'enfant. Imiter d'abord l'enfant et introduire ensuite de nouvelles actions. Par exemple, si l'enfant dispose des figurines d'animaux par paires, ajouter des aliments et faire manger les animaux deux par deux (autres actions possibles : boire, dormir, nager, courir, sauter, danser, etc.). Ajouter ensuite des actions plus relationnelles comme se battre, se réconcilier, s'entraider, se blesser, réparer, se cacher, se retrouver, etc.

Permettre l'émergence des jeux de « faire semblant »

Pour permettre à l'enfant de bien distinguer le réel de l'imaginaire, l'adulte doit préciser ce qui est du « faire semblant » au cours de l'activité. Il doit également profiter des situations réelles pour souligner à l'enfant que ce qu'il est en train de faire est bien réel. Pendant la collation ou le repas, il peut par exemple rappeler à l'enfant : « Maintenant, tu manges pour vrai » et, au cours du jeu de « faire semblant », lui dire : « Maintenant, tu fais semblant de manger ». Il est important de faire cette distinction entre le réel et l'imaginaire lors du visionnement de films ou d'émissions télévisées ou pendant la lecture de livres d'histoires.

› Reproduire d'abord des actions connues avec du matériel que l'enfant aime en le faisant participer comme acteur (il fait semblant de manger des aliments en plastique).
› Ajouter ensuite un scénario (jouer au restaurant en faisant participer l'enfant dans le rôle du cuisinier, puis du client).
› Ajouter graduellement des éléments inventés. Remplacer les aliments en plastique par de la pâte à modeler ou des blocs, puis par rien du tout. L'enfant doit alors imaginer ce qu'il y a dans l'assiette. Enfin, avec les figurines, ajouter des éléments imaginés (par exemple, un bloc rouge devient le feu, une assiette bleue, un lac, etc.).

Il est important de doser l'apport d'imaginaire en apportant un élément nouveau à la fois. L'adulte peut reprendre des scénarios aimés ou des histoires connues, y ajouter une action ou un objet et demander à l'enfant comment l'intégrer à l'histoire.

Développer les jeux symboliques

L'adulte peut utiliser des petites figurines pour reproduire des actions simples avec des objets concrets dans les situations de la vie courante (quelques suggestions de thèmes : téléphone, tâches ménagères, nourriture). Il peut d'abord faire faire une action à l'enfant en la nommant (par exemple, sauter), puis reproduire immédiatement la même action avec une figurine en la nommant de nouveau. Cette stratégie peut aider l'enfant à développer l'aspect plus abstrait, représentatif ou imaginaire d'une action réelle.

› Reproduire des petites scènes interactives avec des objets (consoler la poupée, donner une piqûre chez le médecin).
› Reproduire des histoires vues dans un livre imagé ou à la télévision avec des figurines (*Les trois petits cochons, Le Roi lion,* etc.).

- Reproduire des événements spéciaux ou inventés (pique-nique, fête d'ami, restaurant, parc, école, zoo, safari, cow-boys et Indiens, etc.).

Il est possible de faire participer l'enfant au choix du scénario avant de commencer à jouer. L'adulte et l'enfant peuvent, ensemble, déterminer le lieu de l'action, distribuer les rôles et discuter de la façon dont l'histoire commence, se poursuit et se termine. Il peut être nécessaire de rappeler le scénario à l'enfant pendant le jeu.

Si l'enfant est porté à vouloir contrôler le jeu, l'adulte peut partir de ses idées de scénario, y ajouter quelques idées et les introduire dans l'histoire avant de commencer à jouer.

- Utiliser des situations naturelles : les scénarios de la vie quotidienne qu'il connaît ou ceux qu'il a vus dans un livre ou à la télévision.
- Utiliser des appuis visuels pour identifier le rôle de chaque enfant lors d'un jeu de groupe (images, photos épinglées sur chacun comme l'image d'un cuisinier, d'un caissier) et fonctionner par étapes (suivre une histoire photographiée en séquences ou racontée dans un livre).

Le jeu symbolique offre un outil intéressant pour montrer à l'enfant ses actions et ses comportements problématiques et lui permettre de développer une certaine introspection, d'exprimer ses émotions et de résoudre des problèmes. L'enfant utilise les scénarios pour mieux décortiquer et comprendre les situations de vie qui lui posent problème sans se sentir menacé, blâmé ou réprimandé.

Aide-mémoire

En conclusion, il est important de bien comprendre la fonction des comportements stéréotypés et des intérêts restreints et ce qu'ils nous révèlent au sujet des capacités et des besoins de l'enfant autiste. Cette compréhension doit orienter toute intervention auprès d'un enfant autiste.

Notes

1. American Psychiatric Association (2004). *Diagnostic Statistical Manual of Mental Disorders* (4th ed.) DSM-IV-TR. Washington, DC : APA.
2. Mottron, L. (2004). *Op. cit.*
3. Mineau, S. et Mottron L. (1998). *Op. cit.*
4. Mottron, L. (2010). *Op. cit.*
5. Mottron, L. et Soulières I. (2012). *Perception et principes d'apprentissage chez les autistes.* Conférence organisée dans le cadre des Relais scientifiques de l'Hôpital Rivière-des-Prairies, Montréal.
6. Thermidor, G. (2012). *Notre expérience iPad.* Conférence organisée dans le cadre des Relais scientifiques de l'Hôpital Rivière-des-Prairies, Montréal.
7. Jacques, C. (2012). « Validation d'une situation de stimulation suscitant des comportements stéréotypés et des intérêts restreints chez le jeune enfant autiste ». Thèse présentée à l'Université de Montréal à la Faculté des études supérieures de l'Université de Montréal en vue de l'obtention du Ph. D en psychologie recherche option psychoéducation.

Boîte à
outils
chapitre 6

Observer...
les comportements problématiques

L'enfant a-t-il des comportements problématiques ?

	Oui	Non
L'enfant frappe-t-il ses pairs ou les adultes ?		
Se frappe-t-il la tête ?		
Détruit-il le matériel ?		
Tolère-t-il bien la frustration ou les refus ?		
Semble-t-il vouloir contrôler son environnement et imposer ses séquences d'activités aux autres ?		

Autres particularités à propos des comportements :

Chapitre 6

LES COMPORTEMENTS PROBLÉMATIQUES

et autres difficultés d'adaptation

Tout au long de cet ouvrage, nous avons présenté diverses façons de répondre aux besoins des enfants autistes pour favoriser leur développement harmonieux. Nous avons voulu outiller les adultes qui gravitent autour de ces enfants afin de leur permettre de comprendre leurs particularités et de favoriser leur adaptation. Considérant toutefois l'ensemble des caractéristiques qui leur sont propres, il est facile d'imaginer que ces derniers puissent réagir à leur environnement en adoptant différents comportements.

Dans ce chapitre, nous vous présentons une méthodologie de l'intervention fondée sur la séquence d'actions déjà présentée et reproduite ci-dessous. Elle a été conçue pour prévenir et réduire les difficultés d'adaptation de l'enfant autiste.

Figure 6.1 | Séquence d'actions

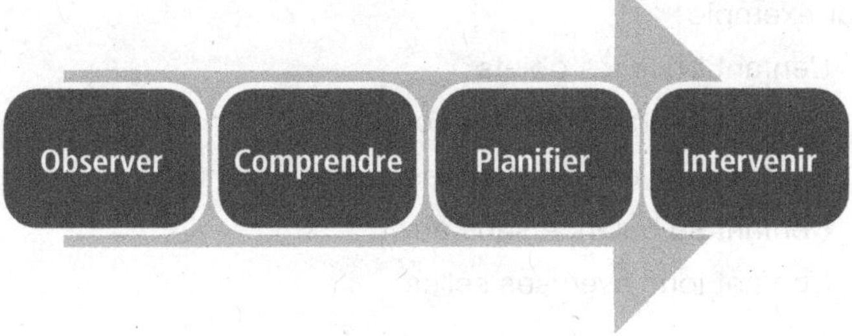

Tout d'abord, il faut bien définir ce que l'on entend par comportement problématique. L'image qui vous vient à l'esprit lorsque vous entendez la phrase « un enfant est en colère » est peut-être semblable à l'image ci-contre, mais peut cependant être différente pour chacun d'entre nous. La phrase « un enfant frappe, mord, crie ou se jette par terre lorsqu'il est en colère » évoque en revanche la même chose chez la plupart des gens. La représentation mentale du comportement de l'enfant est dès lors plus précise.

Nous avons déjà mentionné, tout au long de cet ouvrage, l'importance d'observer les caractéristiques, les réactions particulières, les réussites ou tout autre détail permettant d'avoir un portrait global des forces et des faiblesses de l'enfant. S'il présente un comportement problématique, nous vous invitons à observer de manière plus systématique certains éléments. Cela vous permettra de mieux comprendre les raisons qui poussent l'enfant à adopter ce comportement et de mieux intervenir auprès de lui.

Il est important de décrire le comportement de l'enfant afin que tous puissent en avoir une image concrète.

› Un comportement est une action observable et mesurable.

  Vous devez définir le comportement qui est devenu une source de difficulté d'adaptation pour l'enfant. Il peut s'agir d'un comportement de destruction (objets), d'automutilation, d'agressivité envers les autres, etc.

  Par exemple :

  - L'enfant brise les objets ;
  - L'enfant se frappe la tête contre le plancher ;
  - L'enfant tire les cheveux des autres enfants ;
  - L'enfant se balance sans arrêt ;
  - L'enfant joue avec ses selles.

Décrivez le comportement sur lequel vous souhaitez intervenir.

Afin d'intervenir efficacement, il faut comprendre pourquoi l'enfant présente le comportement problématique. Pour ce faire, il est essentiel d'observer les antécédents et les conséquences du comportement.

- L'antécédent réfère au contexte où l'enfant présente le comportement et/ou la situation qui précède immédiatement le comportement.
- La conséquence est ce qui suit immédiatement le comportement.

Examinons maintenant plus attentivement ces deux nouvelles notions.

Antécédent

L'antécédent peut appartenir à différentes catégories et il est souvent difficile de l'identifier avec certitude. En effet, plusieurs éléments peuvent influencer l'apparition du comportement tant sur le plan de l'environnement que sur le plan des caractéristiques personnelles de l'enfant. L'une des premières choses à considérer est la **santé physique de l'enfant.** Il est important de ne pas négliger ce facteur. **D'autres caractéristiques de l'enfant** peuvent expliquer la manifestation du comportement problématique.

Caractéristiques de l'enfant

- Santé (maladie, virus...) ;
- Inconfort, douleur ;
- Fatigue, trouble du sommeil ;
- Excitation ;
- Niveau de développement.

L'antécédent peut également être identifié dans l'environnement physique ou social ou dans l'activité présentée à l'enfant. En effet, divers facteurs environnementaux peuvent contribuer à l'apparition d'un comportement problématique.

Caractéristiques de l'environnement physique

- Milieu bruyant ;
- Grande superficie ;
- Espace peu structuré, etc.

Caractéristiques de l'environnement social

- Présence de plusieurs personnes ;
- Comportement d'une personne en particulier, etc.

Caractéristiques des activités présentées

- Retrait d'un objet de prédilection ;
- Bris d'une routine ;
- Présentation d'activités peu stimulantes ou trop difficiles ;
- Transition confuse ;
- Inconstance des interventions des adultes, etc.Rappelons qu'il est important de chercher à identifier l'antécédent, c'est-à-dire ce qui, selon vous, précède l'apparition du comportement problématique, ainsi que les caractéristiques de l'enfant pouvant expliquer la manifestation du comportement.

Par exemple :

- Lorsqu'il y a beaucoup de bruit ;
- Lorsqu'il y a plusieurs personnes autour de lui ;
- Lorsqu'il a du temps libre ;
- Lorsqu'il n'arrive pas à communiquer ses besoins.

Avez-vous réussi à reconnaître les antécédents permettant d'expliquer l'apparition du comportement difficile chez votre enfant ?

Vous pouvez demander l'aide de la psychoéducatrice de l'enfant pour les identifier.

____

____

____

____

____

Conséquence

L'autre élément important à observer est la conséquence du comportement. Vous devez vous poser la question suivante : qu'arrive-t-il lorsque l'enfant adopte un comportement problématique ?

Soyez attentif aux gestes et/ou aux paroles habituelles que vous utilisez pour intervenir. Cette façon d'intervenir — cette conséquence — pourrait, bien involontairement, contribuer au maintien ou à l'augmentation de la fréquence du comportement.

Par exemple :

- L'adulte ignore le comportement ;
- L'adulte indique sa désapprobation face au comportement, de façon verbale ou par un signe ;
- L'enfant est dirigé vers une nouvelle activité ;
- L'enfant est envoyé dans sa chambre.

Avez-vous réussi à identifier la conséquence du comportement problématique de votre enfant ?

____

____

____

____

____

____

Grille d'observation

Nous vous suggérons de reproduire et d'utiliser une grille d'observation de type A-C-C (Antécédent – Comportement – Conséquence) ou, selon la terminologie anglophone, A-B-C (Antecedent – Behavior – Consequences) afin de faciliter l'observation du comportement problématique. Ce type de grille est issu des méthodes béhaviorales d'analyse fonctionnelle du comportement[1].

En voici deux exemples :

Date	Heure	Antécédent	Comportement	Conséquence

Date					
Heure de l'observation					
Antécédent (cocher l'antécédent)					
• Transition					
• Temps libre					
• Au début d'une activité non aimée					
• Pendant une activité structurée					
• À la fin d'une activité aimée					
Comportement (décrire le comportement problématique de votre enfant)					
Conséquence (cocher la conséquence)					
• Maintenir la demande					
• Ignorer le comportement					
• Guider vers une autre activité					

Il est important d'observer et de noter les antécédents et les conséquences, car ces éléments permettront de mieux comprendre le comportement problématique.

Comprendre le comportement problématique

Avant d'intervenir, il est important de tenter de comprendre les raisons du comportement problématique et le sens de ce comportement pour l'enfant.

Par exemple :

› Il veut exprimer un besoin ;
› Il veut attirer l'attention de l'adulte ;
› Il veut éviter une situation ;
› Il veut répondre à un besoin sensoriel.

Avez-vous réussi à comprendre la raison qui pousse votre enfant à adopter ce comportement ?

____

____

____

____

____

Avant de poursuivre, vous devez prendre conscience que le comportement problématique de votre enfant ne disparaîtra pas du jour au lendemain sans une intervention de votre part. Ce comportement, adopté en réponse à certains événements, est fonctionnel pour lui. Par exemple, si votre enfant crie lorsque vous lui présentez une nouvelle activité et que votre réaction est de la lui retirer, il y a de fortes chances qu'il reproduise le même comportement pour éviter d'autres situations. Ainsi, aussi longtemps qu'un comportement produit le même effet, sa fréquence ne risque pas de diminuer.

Dans les pages qui suivent, nous vous proposons des moyens pour prévenir les comportements problématiques et pour intervenir s'ils se manifestent. N'hésitez pas à consulter une psychoéducatrice pour vous aider dans la démarche de planification, de prévention et d'intervention face aux comportements problématiques de votre enfant.

Planifier

Avant de réfléchir à une intervention spécifique, il faut garder en tête qu'une bonne planification permet, dans bien des cas, de prévenir l'apparition de comportements problématiques. La planification permet également, au besoin, de mettre en place les conditions optimales pour l'intervention. Comme nous l'avons mentionné précédemment, la planification doit tenir compte des caractéristiques de l'autisme et du profil de l'enfant afin d'adapter son environnement. Elle doit également tenir compte de l'antécédent et de la conséquence du comportement, deux notions que nous avons déjà abordées dans ce chapitre.

Planifier en tenant compte des caractéristiques de l'autisme

Les enfants autistes peuvent manifester certains comportements en réponse à une incompréhension verbale, à un mauvais décodage social ou à une « agression » sensorielle. Nous verrons ci-après comment certains comportements sont directement liés aux caractéristiques de l'autisme et comment une planification soignée permet de répondre à certains besoins primordiaux et de réduire les comportements problématiques.

Sur le plan de la communication

Les difficultés de communication sont souvent à l'origine des difficultés d'adaptation des enfants autistes. Ainsi, un enfant qui possède peu de moyens de communication peut utiliser un comportement problématique pour transmettre un message.

Certains auteurs, comme O'Neil et ses collaborateurs[2], ont observé que l'enfant utilisait parfois un comportement problématique dans le but :

- d'attirer l'attention ;
- de demander de l'aide ;
- de demander un objet ou un aliment désiré ;
- de demander un arrêt ;
- de montrer quelque chose ;
- d'indiquer un inconfort physique ;
- d'indiquer un sentiment ;
- de terminer une activité.

Il est donc important de fournir un moyen de communication adapté à l'enfant.

Les comportements problématiques peuvent également servir à exprimer une incompréhension. En effet, il ne faut pas assumer que l'enfant autiste comprend tout ce qu'on lui dit. Le comportement problématique peut ainsi être le résultat d'un bris dans la compréhension d'un message.

L'enfant doit également avoir la possibilité de faire des choix. Ceux-ci doivent lui être présentés sous une forme accessible et compréhensible afin de lui permettre d'obtenir une réponse conforme à son désir. L'utilisation de supports visuels facilite cette réponse. L'adulte doit :

- utiliser un langage simple et descriptif ;
- utiliser des supports visuels.

Sur le plan des interactions sociales

Les comportements problématiques des enfants autistes peuvent découler des difficultés interactives et sociales que les psychoéducateurs sont appelés à évaluer pour recommander des stratégies d'intervention. Les enfants autistes ont généralement de la difficulté à comprendre les indices sociaux et émotionnels impliqués dans les échanges avec les autres. On peut ainsi observer un manque de compréhension ou des erreurs dans le décodage et l'interprétation des émotions et des intentions d'autrui. Dans ce contexte, il est important de :

› s'assurer que l'enfant comprend bien les interactions qu'il vit au quotidien en utilisant des moyens visuels, écrits et/ou verbaux, selon ses capacités cognitives ;
› fournir un modèle visuel, écrit et/ou verbal du comportement attendu.

Sur le plan des comportements stéréotypés et des intérêts restreints

Il faut se rappeler que les comportements stéréotypés ont une fonction adaptative et que les intérêts particuliers revêtent une importance particulière pour l'enfant autiste.

Ainsi, il est important de :

› permettre à l'enfant l'expression de ses comportements stéréotypés de la façon la plus satisfaisante pour lui et pour son entourage ;
› permettre à l'enfant de développer ses intérêts particuliers ;
› fournir à l'enfant des points de repère dans le temps et l'espace pour le rassurer et lui indiquer à quel moment et à quel endroit il peut s'y adonner.

Planifier en tenant compte du profil de l'enfant

Les enfants autistes ont des profils particuliers de compétences cognitives et langagières. La planification des différentes activités d'apprentissage ou de jeux devrait tenir compte de ces profils. Il faut se rappeler que l'enfant autiste s'amuse spontanément à reproduire des modèles visuels et auditifs constitués de régularités perceptives qui conviennent à ses compétences cognitives.

L'adulte peut alors traduire les informations présentées à l'enfant sous des formes correspondant à ses compétences cognitives et langagières.

Plusieurs enfants autistes présentent des difficultés à traiter les informations sensorimotrices provenant de leur corps et du monde extérieur. Le comportement problématique peut ainsi avoir pour fonction de répondre à un besoin sensoriel. Il est donc important de travailler en collaboration avec l'ergothérapeute pour identifier ces particularités et mettre en place les interventions préconisées afin de répondre aux besoins sensoriels de l'enfant.

D'autres raisons peuvent également permettre d'expliquer le comportement problématique de l'enfant. Discutez-en avec la psychoéducatrice qui l'accompagne.

Adapter un environnement signifiant et cohérent

Certains enfants autistes réagissent fortement aux imprévus et sont très sensibles aux changements et à la nouveauté. Ils peuvent ressentir un malaise dans les endroits qu'ils ne connaissent pas ou avec des gens ou des jeux nouveaux. Ils ont besoin de temps pour apprivoiser l'environnement et les personnes. Ils ont besoin d'un cadre, d'une routine bien structurée, de règles et de limites claires et compréhensibles pour se sentir en sécurité.

Temps et espace

Les comportements problématiques se produisent souvent lorsque l'enfant vit une transition ou lorsque l'adulte lui demande de cesser une activité qu'il aime. L'enfant qui réagit ainsi n'est probablement pas outillé pour anticiper la séquence des activités ou de la journée. Imaginez qu'on vous fasse voyager d'un endroit à l'autre sans que vous sachiez où vous allez et ce que vous devez faire. Situation peu agréable, n'est-ce pas ? L'enfant autiste dispose par ailleurs de peu de moyens pour anticiper ces changements. Dans ce contexte, il est important d'utiliser des supports visuels adaptés pour :

- fournir un repère temporel ;
- structurer l'espace.

Matériel de jeu et d'apprentissage

L'environnement de l'enfant joue un rôle important. Si l'enfant n'est pas engagé dans des activités qui l'intéressent, il risque fort de réagir par des comportements difficiles.

Comme nous l'avons mentionné précédemment, le matériel de jeu et d'apprentissage utilisé doit s'inspirer des centres d'intérêt de l'enfant et convenir à ses compétences cognitives. Il doit être accessible à l'enfant. Il est donc important d'exposer l'enfant à du matériel de jeu et d'apprentissage adapté à son profil de développement et à ses centres d'intérêt.

Il est également important de prendre en considération tous ces éléments afin de déterminer la raison du comportement problématique de l'enfant et de mieux le prévenir. L'objectif n'est pas d'éviter le comportement problématique, mais de tout mettre en œuvre pour créer un environnement cohérent et significatif pour l'enfant.

Voici quelques exemples de moyens de prévention :

- Si l'enfant se frappe la tête parce qu'il a mal, l'adulte devrait consulter le pédiatre ou le médecin plutôt que de l'arrêter physiquement lorsqu'il se frappe la tête.
- Si l'enfant porte tous les objets à sa bouche en raison de ses particularités sensorielles, l'adulte devrait travailler en collaboration avec l'ergothérapeute afin d'identifier ces particularités et de mettre en place les interventions préconisées plutôt que d'intervenir en lui enlevant simplement les objets de la bouche.
- Si le comportement vise à attirer l'attention, l'adulte peut tenter de renverser la tendance en offrant beaucoup d'attention à

l'enfant lorsqu'il se comporte de manière adéquate et en lui accordant un minimum d'attention, voire en l'ignorant, lorsqu'il adopte certains comportements négatifs.

- Si le comportement vise à obtenir un objet, l'adulte peut utiliser un horaire visuel précisant les périodes de disponibilité de l'objet convoité. Il est important de ne pas donner à l'enfant l'objet désiré lorsqu'il manifeste un comportement problématique, car il pourrait ensuite croire qu'il n'a qu'à faire une crise pour l'obtenir.
- Si le comportement est utilisé pour éviter une situation que l'enfant trouve déplaisante ou désagréable, l'adulte peut, entre autres, utiliser un horaire visuel permettant à l'enfant de voir les activités subséquentes, lui offrir des choix ou encore lui offrir de l'aide pour accomplir une tâche difficile.

Intervenir

Cette section est consacrée aux interventions spécifiques à privilégier pour modifier les comportements problématiques de l'enfant lorsque les mesures de prévention ont échoué.

Avant d'intervenir, assurez-vous que vous avez tout mis en œuvre pour prévenir le comportement problématique. Posez-vous ces questions :

- Est-ce que mon enfant une communication fonctionnelle ?
- Peut-il anticiper sa routine ?
- Son milieu est-il stimulant ?
- Est-ce que je connais bien ses goûts et ses intérêts ?

Si vous avez répondu oui à toutes ces questions, il est peut-être temps d'intervenir pour diminuer la fréquence et l'intensité du comportement problématique.

Cette section présente quelques interventions qui ont fait leur preuve. À vous de choisir celle qui convient le mieux à votre réalité, à votre personnalité et aux besoins de votre enfant. Au début de l'intervention, il est possible que les comportements dérangeants de l'enfant s'amplifient et qu'il faille attendre quelques jours pour constater des progrès. Nous conseillons cependant de retourner à la phase d'observation si la fréquence augmente après quelques jours.

Les 5 C en intervention

Avant de commencer une intervention, il est important de connaître certaines notions. Germain Duclos, un psychoéducateur qui a travaillé pendant plusieurs années au CHU Sainte-Justine, a développé la règle des 5 C[3]. Selon lui, il est essentiel que la consigne donnée par l'adulte réponde aux qualités suivantes :

› **Claire :** l'enfant doit pouvoir comprendre la consigne afin de la respecter ;

› **Concrète :** la formulation de la consigne doit être simple. Il est préférable de faire des démonstrations et de ne pas utiliser des adverbes abstraits comme doucement/lentement ;

› **Constante :** il est préférable de limiter le nombre de consignes et de s'assurer de leur application ;

› **Cohérente :** la même consigne doit s'appliquer aux comportements similaires ;

› **Conséquente :** au besoin, la conséquence a un lien direct avec le comportement, elle est logique et permet à l'enfant d'apprendre de nouveaux comportements qu'il adoptera dans d'autres situations.

La règle des 5 C n'a pas été conçue spécifiquement pour les enfants autistes, mais elle peut être utile au moment de planifier une intervention. Il faut aussi penser à adapter la consigne aux particularités de l'enfant.

Que faire si le comportement problématique vient d'une incompréhension de la notion de délai ?

Certains enfants réagissent fortement lorsque l'adulte tarde à répondre ou s'ils doivent attendre pour obtenir ce qu'ils désirent. Malgré les explications, ils ne comprennent pas qu'une chose refusée sur le moment peut être accordée plus tard. Comme plusieurs autres notions abstraites, la notion du temps est souvent difficile à intégrer pour l'enfant autiste. Il ne semble pas capable de se représenter la satisfaction à venir, même avec un court délai.

Pour intervenir auprès d'un enfant qui présente une certaine rigidité cognitive, l'adulte peut représenter la notion de temps (et le délai implicite) à l'aide de deux séquences imagées d'activités, puis augmenter graduellement le nombre de séquences. Il peut demander à l'enfant de verbaliser ces séquences en ayant recours au «je» et en utilisant le mot «après» entre les deux. Par exemple : «Je mets mon pyjama et après je regarde la télévision.» Il est important de bien marquer la fin d'une activité et le retour à l'horaire imagé en retournant l'image (en la mettant dans une pochette, en déplaçant une flèche, etc.) et en verbalisant la prochaine action. La verbalisation des séquences semble aider l'enfant à mieux intégrer l'information et permet à l'adulte de vérifier sa compréhension.

Figure 6.2 | Séquences

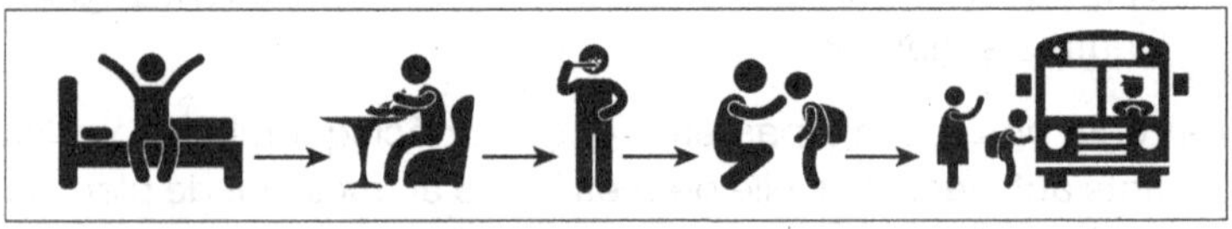

Je me lève, **« après » je** déjeune, **« après » je** me brosse les dents, **« après » je** me prépare à sortir, **« après » je** prends l'autobus pour l'école.

L'adulte doit faire vivre à l'enfant des moments d'attente de plus en plus longs afin qu'il intègre en toute confiance la notion de délai. Il peut, par exemple, tarder un peu avant de répondre à ses demandes. L'adulte a avantage à ne pas se presser pour répondre (ralentir ses mouvements) tout en indiquant à l'enfant qu'il obtiendra bientôt ce qu'il souhaite (par exemple, ouvrir lentement le contenant de la collation devant l'enfant). Il lui permet ainsi d'anticiper la satisfaction à venir tout en l'aidant à apprivoiser un délai raisonnable (qui peut s'allonger graduellement). Il est préférable de choisir des périodes où l'enfant est disponible pour travailler cette capacité.

L'adulte peut aussi utiliser des jeux de société que l'enfant aime, mais dans lesquels il doit attendre son tour (d'abord à deux personnes, avec un adulte de préférence, puis avec un nombre de plus en plus important de participants sous la supervision de l'adulte). Il est aussi possible d'introduire des moments d'attente ou des délais dans les jeux par des décomptes (1, 2, 3, go).

L'adulte peut également avoir recours à des appuis concrets tels que des modèles visuels pour représenter la séquence des événements (horaire imagé) ou pour signifier qu'il faut attendre (lumière rouge, arrêt, pictogramme de la main ouverte qui signifie « attends »). La minuterie, l'horloge à cadran et le sablier peuvent aussi être utilisés pour faciliter les moments d'attente et anticiper le délai. Il est également possible de se servir des intérêts de l'enfant pour l'aider à patienter. Par exemple : compter, chanter, nommer les lettres de l'alphabet.

Que faire si le comportement problématique vient d'une rigidité ?

Les enfants qui ont de la difficulté à comprendre et à anticiper ce qu'on attend d'eux adoptent souvent des comportements problématiques. Certains enfants font preuve d'une grande rigidité et insistent pour reproduire les mêmes façons de faire dans toutes les situations. Ces enfants réagissent souvent négativement aux nouvelles situations. Ils sont inquiets, car ils ne comprennent pas ce nouvel environnement, ils ne l'ont pas apprivoisé et ils ne savent pas comment se comporter.

Pour prévenir ces réactions, l'adulte peut aider l'enfant à se représenter et à anticiper le comportement attendu, l'activité à venir, le changement ou la nouveauté dans l'horaire en lui fournissant des modèles visuels (photos, pictogrammes, dessins schématiques, code écrit, etc.). Il peut lui expliquer brièvement, par des scénarios imagés ou des scènes actées (avec de petits personnages), les raisons d'un changement ou le déroulement des événements spéciaux. Les situations vécues antérieurement peuvent aussi servir de référence lors d'événements imprévus.

Pour diminuer les comportements de contrôle, l'adulte peut alterner les moments où il décide et ceux où l'enfant décide (« Jean dit »). Les situations de la vie quotidienne permettent aussi de faire vivre à l'enfant des moments de décision partagée (par exemple, les parents décident du repas principal et l'enfant choisit le dessert). À l'occasion, l'adulte peut introduire dans le quotidien des changements ou des nouveautés pouvant être acceptés par l'enfant. Ces « changements contrôlés » lui permettront d'apprivoiser et de développer ses capacités d'adaptation afin de mieux gérer les situations imprévues.

Il est important d'identifier et de détailler visuellement les règles de conduite que l'enfant doit respecter afin de faciliter leur compréhension. Par exemple, l'adulte peut lister et mettre en images les règles à suivre lors des repas. Il peut également utiliser des scénarios sociaux. L'enfant doit comprendre que certaines règles sont émises par les parents et qu'elles ne sont pas négociables. Il doit aussi comprendre qu'il ne peut pas tout contrôler dans son environnement et qu'il doit parfois faire des compromis. Il faut d'abord lui enseigner le concept de compromis, soit de faire quelque chose qu'il n'aime pas, de répondre à une exigence ou d'avoir de la flexibilité dans ses opinions. Il peut aussi être utile de le prévenir que ce qui lui est demandé est un défi et que l'adulte est là pour l'aider. Cela pourra contribuer à diminuer la frustration.

Les situations de jeu sont aussi des occasions privilégiées pour travailler les comportements de rigidité. En proposant à l'enfant des façons différentes d'explorer un même matériel, l'adulte lui permet d'exercer sa flexibilité dans un contexte ludique et moins anxiogène.

L'adulte doit tenter d'anticiper les moments qui peuvent susciter des frustrations et aider l'enfant à prendre conscience de ses réactions en le préparant, par exemple, à l'éventualité d'un échec. Par exemple, dans un jeu à tour de rôle, il peut demander à l'enfant : « Qu'est-ce qui va arriver si tu perds ? » Il peut également créer des situations générant de petites frustrations pour les dédramatiser et permettre à l'enfant de relever des défis avec succès.

Il est possible d'utiliser des renforcements positifs formels (privilège) ou informels (renforcement social de type félicitations ou mention spéciale) lorsque l'enfant montre une certaine flexibilité dans ses attitudes ou lorsqu'il s'adapte aux exigences de l'environnement.

L'enfant qui ne respecte pas une demande ou des règles préétablies doit être prévenu des conséquences potentielles, lesquelles doivent être appliquées par souci de cohérence et de constance. Il peut arriver que l'enfant persiste dans sa rigidité ou qu'il se montre très mal à l'aise dans la situation. L'adulte peut alors assouplir sa demande tout en maintenant une exigence minimale. L'important est de boucler la situation sans céder ou provoquer une désorganisation inutile.

En enseignant à l'enfant à tolérer des frustrations, l'adulte l'aide à faire face à l'échec, à accepter de perdre, à ne pas réussir du premier coup et à faire des erreurs. Les enfants autistes ont souvent tendance à être perfectionnistes et tolèrent mal l'imperfection (ratures sur leur dictée, saletés, etc.). Il est essentiel de dédramatiser ces désagréments en portant peu attention aux imperfections, en faisant soi-même ces erreurs et en utilisant l'humour.

Intervenir face à des comportements agressifs

Il arrive que les enfants autistes réagissent fortement à certaines situations en adoptant des comportements agressifs envers eux-mêmes, envers les autres ou envers l'environnement physique ou le matériel. L'enfant autiste peut, par exemple, se mettre à crier et à frapper sa mère lors d'une réunion familiale (s'il y a trop de bruit, de mouvements de personne ou de sollicitation, par exemple).

Il est important de décrire de manière précise et objective le comportement agressif de l'enfant. Il peut s'agir d'un comportement d'automutilation ou d'un comportement agressif envers les autres.

Décrivez le comportement sur lequel vous souhaitez intervenir.

____

____

____

____

____

Prenez le temps de poursuivre votre observation. En plus de remplir la grille d'observation sur les antécédents, les comportements et les conséquences, nous vous invitons à prendre des notes sur la durée et l'intensité du comportement.

Face à un comportement inadéquat (mordre, frapper, se blesser), l'adulte doit signifier clairement l'interdit en disant « non » fermement et en adoptant l'expression faciale appropriée. Un soutien visuel peut être utilisé *(voir page 95)*.

L'adulte doit donner une consigne claire et simple à l'enfant. Si le comportement inadéquat persiste, l'adulte doit appliquer une conséquence concrète et de courte durée. Il est important d'être constant dans l'application des exigences et des conséquences. Pour signifier clairement que le comportement doit cesser, l'adulte peut :

- faire asseoir l'enfant sur une chaise de retrait identifiée et, au besoin, retirer pour une courte période l'objet qui est source de colère ;
- accompagner l'enfant dans ces situations en demeurant calme tout en maintenant les exigences (dire le comportement souhaité) ;
- dans certaines situations, des moyens concrets doivent être proposés à l'enfant pour lui permettre de retrouver son calme (aller se reposer dans sa chambre, regarder un livre pendant cinq minutes, dessiner sa colère, etc.).

Lorsque les comportements de l'enfant peuvent devenir dangereux pour lui-même et pour les autres, il est important d'intervenir physiquement pour arrêter et protéger l'enfant.

Lorsque l'enfant a retrouvé son calme, l'adulte peut lui demander de faire un acte de réparation (s'excuser, ramasser l'objet lancé, réparer le bris). L'adulte peut aussi faire un retour sur la situation avec l'enfant en utilisant des modèles visuels (séquence des événements, liens de causalité, émotions et intentions des personnes impliquées) afin de s'assurer que l'enfant a bien compris la situation. Il peut aussi aider l'enfant à trouver des solutions (« Que pourrais-tu faire la prochaine fois ? »).

Il est possible de se servir de supports visuels ou de scénarios sociaux pour enseigner à l'enfant des attitudes plus adéquates face à diverses situations et pour répertorier les comportements interdits/acceptés lors de situations problématiques.

Intervenir face à la sélectivité alimentaire

Avant d'aborder la sélectivité alimentaire, il est important de maîtriser certaines notions. Tout d'abord, il faut savoir que l'alimentation est le comportement le plus complexe que l'être humain doit maîtriser. En effet, lorsque nous mangeons, tous nos muscles, nos organes et nos sens sont sollicités. De plus, nous devons toujours nous adapter à l'environnement dans lequel nous mangeons (par exemple, une cafétéria, un restaurant, etc.).

En général, l'être humain manifeste de la curiosité face à un nouvel aliment, mais montre de la réticence à y goûter. Ainsi, l'exposition à un nouvel aliment augmente les chances qu'une personne y goûte. Il faut souvent de 10 à 20 expositions pour qu'un enfant typique intègre un aliment à sa nourriture... mais jusqu'à 60 expositions peuvent être nécessaires pour un enfant autiste sélectif sur le plan alimentaire.

L'appétit des jeunes enfants a tendance à augmenter lors des poussées de croissance et des périodes d'activité intense, mais il diminue lorsque ceux-ci sont épuisés ou excités.

La sélectivité alimentaire se définit comme la prise d'une petite variété d'aliments et le rejet de la plupart des nouveaux aliments. Les enfants sélectifs sur le plan alimentaire présentent souvent les caractéristiques suivantes[4] :

- Ils ont des comportements problématiques lors des repas (par exemple, l'enfant se lève le cœur ou pleure devant un nouvel aliment) ;
- Ils mangent moins de 20 aliments différents ;
- Ils ont des fixations alimentaires (l'enfant peut, par exemple, exiger que son repas soit toujours présenté de la même façon).

Voici quelques questions que vous pouvez vous poser afin de mieux définir la sélectivité alimentaire de votre enfant :

- Correspond-elle à la définition présentée ?
- Combien de temps dure le repas de votre enfant ?

Décrivez la sélectivité alimentaire de votre enfant.

____

____

Nous vous invitons à pousser plus loin votre observation en établissant un relevé des aliments que consomme votre enfant sur une période de cinq jours. Voici un exemple d'agenda alimentaire à compléter :

Jour 1				
Déjeuner	Collation	Dîner	Collation	Souper
Jour 2				
Déjeuner	Collation	Dîner	Collation	Souper

Le parent d'un enfant qui mange peu s'inquiète souvent de savoir si la diète de ce dernier est suffisante. Le *Guide alimentaire canadien pour les enfants d'âge préscolaire* est une bonne ressource pour connaître les besoins nutritionnels de ceux-ci. N'hésitez pas à consulter une nutritionniste si vous avez besoin d'informations supplémentaires.

La sélectivité alimentaire peut être causée par un ou plusieurs facteurs.

Présence de problèmes médicaux

La présence d'un problème physique risque d'influencer négativement le désir de manger, qu'il s'agisse d'une infection des sinus, d'une douleur à l'estomac, de nausées ou d'un problème de constipation.

Présence de reflux gastro-œsophagien

Les problèmes gastro-intestinaux influencent le désir de manger. Le reflux gastrique survient lorsque l'acidité de l'estomac remonte dans l'œsophage. Votre enfant fait peut-être du reflux gastro-œsophagien s'il présente les symptômes suivants : nausées, perte de poids, mauvaise haleine et/ou vomissement une heure après le repas. Si vous êtes inquiet, parlez-en avec le pédiatre de votre enfant.

Particularités sensorielles

Comme nous l'avons déjà mentionné, tous les sens sont impliqués dans l'alimentation. Certaines particularités sensorielles, habituellement identifiées par l'ergothérapeute, peuvent ainsi avoir un impact sur l'alimentation de l'enfant.

Rigidité

Il faut garder en tête qu'un enfant autiste qui se montre rigide au quotidien risque de l'être aussi à l'heure des repas.

Avant de planifier une intervention spécifique, l'adulte peut effectuer quelques changements dans son quotidien afin de favoriser l'alimentation de l'enfant.

- Fournir un modèle social adéquat. Favoriser les repas en famille autour d'une table. Ne pas punir l'enfant durant l'heure du repas.
- Structurer le temps. Adopter une routine pour les repas : se laver les mains, mettre la table, manger et nettoyer. Établir des heures régulières de repas et de collations. Les repas ou les collations devraient durer entre 15 et 30 minutes.
- Structurer l'espace. Utiliser toujours la même place pour manger. Comme la table est utilisée pour différentes actions, ajouter une nappe ou un autre élément pour signaler le moment du repas.
- Présenter les aliments en petites bouchées. Toujours offrir un aliment aimé lors des repas. Ne pas abandonner un aliment à cause de la première réaction de l'enfant.
- Exposer l'enfant à de nouveaux aliments afin de l'aider à les apprivoiser dans son quotidien.
- Certains programmes d'intervention utilisent des « renforçateurs alimentaires » (l'enfant obtient un petit chocolat lorsqu'il répond bien à une consigne). Nous conseillons plutôt d'avoir recours à des « renforçateurs sociaux ». En cas de recours à des « renforçateurs alimentaires », privilégier les aliments salés, car les aliments sucrés coupent l'appétit.

Avec l'aide d'un professionnel, l'adulte peut mettre en place des interventions plus spécifiques pour résoudre les difficultés alimentaires de l'enfant. L'exposition graduelle à de nouveaux aliments est particulièrement importante.

Intervenir face aux problèmes de sommeil

Afin de mieux comprendre les problèmes de sommeil, il est important de maîtriser certaines notions. Le sommeil est régi par deux mécanismes : l'horloge interne et le processus homéostatique.

L'horloge interne dicte les périodes d'activité et d'inactivité. Elle est influencée, entre autres, par le cycle du jour (lumière) et de la nuit (obscurité) et se sert de la lumière pour réguler les différents rythmes de notre corps, notamment pour déterminer l'heure du réveil et du sommeil. Elle se fonde aussi sur des indices sociaux. Lorsqu'il fait noir, le cerveau sécrète de la mélatonine. On s'endort lorsque le taux de mélatonine atteint un seuil relativement élevé et on se réveille lorsqu'il est bas.

Le processus homéostatique est un chronomètre interne qui gère la « quantité d'éveil » accumulée. Le besoin de dormir augmente avec l'accumulation des heures écoulées depuis le réveil matinal. Plus la journée avance, plus ce besoin se fait sentir.

Les difficultés de sommeil peuvent revêtir plusieurs formes : l'enfant ne s'endort pas ou met plus de 30 minutes à s'endormir ; l'enfant se réveille à plusieurs reprises durant la nuit ; l'enfant est inconfortable dans son lit à cause d'une hypersensibilité auditive ou tactile ; l'enfant a de la difficulté à se séparer du parent ou refuse de s'endormir sans la présence d'un parent ; l'enfant est attaché à un rituel complexe qui dénote son besoin de contrôler son environnement.

Décrivez les problèmes de sommeil de votre enfant.

___

___

___

Nous vous invitons à pousser plus loin votre observation en tenant un agenda du sommeil de votre enfant. Dans le tableau suivant, surlignez en bleu les périodes de sommeil entre 19 heures et 8 heures du matin :

	19	20	21	22	23	24	01	02	03	04	05	06	07	08
Jour 1														
Jour 2														

Les difficultés de sommeil de votre enfant peuvent avoir une cause physique. Abordez le problème avec le pédiatre de votre enfant afin d'éliminer les causes physiques potentielles.

L'inconfort et la douleur

Les otites, le reflux gastro-œsophagien (douleurs ou régurgitation), la constipation, l'asthme, l'épilepsie et les douleurs (maux de tête et de dents) figurent parmi les causes les plus fréquentes des problèmes de sommeil.

Les allergies

Les allergies, notamment les allergies aux protéines bovines (lait de vache), et l'eczéma ne sont pas à négliger.

Boîte à outils

Avant de planifier une intervention spécifique, l'adulte peut effectuer quelques changements dans son quotidien afin de favoriser le sommeil de l'enfant.

- Développer un bon cycle éveil-sommeil. Il est important que l'enfant se couche et se réveille aux mêmes heures.
- Développer une routine de sommeil prévisible, même la fin de semaine. L'adulte peut illustrer cette routine à l'aide de supports visuels pour permettre à l'enfant d'anticiper l'heure du coucher. La routine est un élément clé du sommeil et le plus difficile à appliquer.
- S'assurer que l'environnement favorise le sommeil. Vérifier par exemple que la chambre est sombre et que la température est adéquate.
- Structurer le temps entre l'heure du coucher et la routine d'endormissement.

- Mettre l'enfant dans son lit lorsqu'il est encore éveillé plutôt que lorsqu'il est somnolent ou déjà endormi.
- Donner à l'enfant un objet transitionnel qu'il affectionne.

Ces changements exigent disponibilité et constance.

Quelques pièges à éviter

- Éviter que l'enfant s'endorme avec un biberon et ne pas lui en offrir la nuit s'il se réveille.
- Éviter de se coucher avec l'enfant dans son lit.
- Éviter d'utiliser la chambre comme un lieu de punition.
- Répondre aux besoins sensoriels de l'enfant durant la journée selon les recommandations d'un ergothérapeute.

Avec l'aide d'un professionnel, l'adulte peut mettre en place des interventions plus spécifiques pour résoudre les problèmes de sommeil de l'enfant. La mise en place d'une routine prévisible suffit souvent à régler ces problèmes.

En conclusion de ce chapitre sur les comportements problématiques et autres difficultés d'adaptation, il est important de souligner que plus un enfant se sent compris dans ses besoins, ses particularités, ses intérêts et ses demandes, et plus il est encouragé dans ses initiatives sociales, moins on observe de comportements inadéquats. En l'aidant à comprendre ce qui l'entoure et en lui fournissant des stratégies adaptées pour se faire comprendre et mieux comprendre ce qu'on attend de lui, l'adulte contribue à la diminution de la fréquence des comportements d'opposition, d'agression, de contrôle rigide et d'anxiété, et à l'augmentation de la disponibilité de l'enfant.

En reconnaissant les comportements inadéquats de l'enfant comme le reflet d'un malaise, l'adulte cherche à comprendre et à agir sur les conditions nécessaires à son bien-être et à l'adoption de comportements appropriés. Il permet également à l'enfant de développer une meilleure compréhension des limites à respecter dans ses interactions avec autrui et une meilleure représentation de l'impact de ces comportements sur les autres.

Les interventions visant à faire cesser ces comportements sont cependant exigeantes et demandent une bonne dose d'énergie. Certains parents ou professionnels ont de la difficulté à réagir à ces comportements. L'adulte doit s'entourer de personnes capables de le soutenir dans ces situations. Il peut parfois demander à une autre personne d'intervenir tout en mentionnant à l'enfant qu'il a besoin que quelqu'un d'autre vienne agir dans la situation.

Notes

1. PRATT, C. et DUBIE M. (2008). « Observing Behavior Using A-B-C Data ». *The Reporter*, 14(1) : 1-4.
2. O'NEIL, R.E., HORNER, R.H., ALBIN, R.W., SPRAGUE, J.R., STOREY, K. et NEWTON, J.S. (1997). *Functional Assessment and Program Development for Problem Behavior: A Practical Handbook*. Pacific Grove, CA: Brooks/Cole.
3. DUCLOS, G. et DUCLOS, M. (2005). *Responsabiliser son enfant.* Montréal : Les Éditions du CHU Sainte-Justine.
4. ERNSPERGER, L. et STEGEN-HANSON, T. (2004). *Just Take a Bite.* Arlington : Future Horizons.

CONCLUSION

Nous avons d'abord conçu ce livre comme une ressource pour les parents dont l'enfant vient d'être diagnostiqué autiste. Nous espérons avoir répondu le mieux possible à leur cri du cœur de ne pas les laisser dans l'incompréhension et l'impuissance. Nous espérons leur avoir donné des outils pour mieux reconnaître les besoins, les particularités et la différence de leur enfant afin de lui assurer un bien-être et un développement optimal. Nous croyons par ailleurs que ce guide peut être utile aux professionnels qui interviennent auprès des jeunes enfants autistes.

Il nous semble enfin essentiel de rappeler aux parents et aux différents intervenants l'importance de rester à l'affût des nouvelles connaissances provenant des études scientifiques sur l'autisme.

MARQUIS

Québec, Canada

MIXTE
Papier issu de sources responsables
FSC® C103567
www.fsc.org

PCF

BIO GAZ ÉNERGIE

PERMANENT

Ce livre est imprimé sur des matériaux issus de forêts bien gérées certifiées FSC® et de matériaux recyclés.